SOUVENIRS
DE MON ENFANCE

Maison natale d'Albert Schweitzer, à Kaysersberg

ALBERT SCHWEITZER

SOUVENIRS DE MON ENFANCE

Albin Michel

22, rue Huyghens - 75014 Paris.

ISBN : 2-226-02165-5

Chapitre premier

PREMIÈRES ANNÉES

Église de Gunsbach

Presbytère de Gunsbach

JE suis né le 14 janvier 1875, à Kaysersberg, en Haute-Alsace, dans la petite maison à tourelle qu'on voit au haut de la ville, à gauche en sortant. Dans cette petite localité en majorité catholique, mon père était pasteur et instituteur de la petite communauté évangélique, qui a été supprimée en 1919: la cure est devenue une gendarmerie. J'avais une sœur, mon aînée d'un an.

Le nom de Kaysersberg est attaché au grand prédicateur Geiler de Kaysersberg (1445-1510) qui prêcha dans la cathédrale de Strasbourg ; né à Schaffhouse en Suisse, et devenu orphelin, il avait été élevé à Kaysersberg par son grand-père. L'année 1875 est fameuse par son vin. Dans mon enfance j'étais fier d'être né l'année d'un bon vin et dans la ville de Geiler de Kaysersberg.

Six mois après ma naissance, mon père fut appelé comme pasteur à Gunsbach, dans la vallée de Munster, dont ma mère était originaire. Elle était la fille du pasteur Schillinger, du village de Muhlbach, plus haut dans la vallée.

Lors de notre arrivée à Gunsbach, j'étais un enfant très chétif. Pour la cérémonie de l'installation pastorale, ma mère m'avait paré d'une robe blanche à faveurs roses. Mais aucune des femmes de pasteurs venues pour la circonstance ne la complimenta sur son enfant pâle et malingre ; toutes se dérobèrent en circonlocutions embarrassées. Alors ma mère (elle me l'a raconté bien souvent), ne put contenir son émotion ; elle s'enfuit avec moi dans la chambre à coucher et pleura à chaudes larmes.

Un jour, on me crut mort.

Mais le lait de la vache de notre voisin Léopold et l'excellent air de Gunsbach firent des prodiges. Quelques mois plus tard je pris le dessus et devins un enfant robuste.

Dans le presbytère de Gunsbach je passai une enfance heureuse avec mes trois sœurs et mon frère. Un sixième enfant, une fillette du nom d'Emma, fut enlevée à mes parents par une mort prématurée.

Mon premier souvenir, c'est le diable. A l'âge de trois ou quatre ans, on m'emmenait déjà tous les dimanches à l'église et je m'en réjouissais d'avance toute la semaine. Je sens encore sur mes lèvres les gants de fil de notre servante, qui me posait la main sur la bouche quand je bâillais ou chantais trop fort. Or, chaque dimanche apparaissait, dans un cadre étincelant, en haut, près de l'orgue, un visage barbu qui s'agitait de droite et de gauche et plongeait ses regards dans l'église. Visible aussi longtemps que l'orgue jouait et que durait le chant, il s'enfuyait sitôt que mon père priait à l'autel, pour revenir dès que le jeu de l'orgue et le chant reprenaient ; il disparaissait de nouveau quand mon père commençait à prêcher pour réapparaître encore pendant le chant et le jeu de l'orgue. « C'est le diable qui regarde dans l'église, me disais-je ; quand mon père commence à parler de Dieu, il s'éclipse. » Cette théologie, confirmée par une expérience de chaque dimanche, donna le ton à ma piété enfantine. Plus tard seulement, alors que je fréquentais l'école depuis plusieurs mois, je compris que le visage hirsute aux apparitions bizarres était celui du père Iltis, l'organiste, que je voyais dans le miroir fixé à l'orgue.

Je me souviens aussi de la première fois où j'eus honte de moi-même consciemment et spontanément. Je portais encore une robe et j'étais assis dans la cour sur un petit escabeau pendant que mon père était occupé au rucher du jardin. Tout à coup, une jolie petite bête vint se poser sur ma main et j'éprouvai une grande joie à la regarder aller et venir. Mais, soudain je poussai des cris désespérés : la bestiole était une abeille qui, indignée, comme de juste, de voir les rayons de miel de sa ruche enlevés par M. le pasteur, se vengeait sur son fils en le piquant. A mes cris, toute la maison accourt ; chacun de me plaindre. La servante me prend dans ses bras et s'efforce de me consoler en me couvrant de baisers. Ma mère reproche à mon père de travailler au rucher sans préalablement me mettre à l'abri.

Voyant que mon malheur me rendait si intéressant, j'éprouvais une grande satisfaction à pleurer. Soudain, je m'aperçois que je verse des larmes sans plus ressentir de douleur. Ma conscience m'ordonne de cesser ; mais ce rôle d'enfant intéressant me plaisait et je continuai de gémir et d'accepter des consolations dont je n'avais plus besoin. Ce souvenir me rendit malheureux plusieurs jours. Et souvent cette petite aventure me servit de leçon lorsque, à un âge plus avancé, j'étais tenté d'étaler mes malheurs.

Le père Jæglé, sacristain et fossoyeur, fut l'effroi de mes premières années. Le dimanche matin, quand après la première sonnerie de cloches, il venait chercher au presbytère les numéros des cantiques et les vases destinés au baptême, il palpait mon front en disant : « Les cornes poussent ». Ces cornes faisaient mon désespoir. J'avais en effet des bosses frontales assez marquées qui me donnaient de graves soucis depuis que j'avais vu, dans une Bible, une image de Moïse avec des cornes. J'ignore comment le sacristain avait eu connaissance de mes préoccupations ; mais il les exploitait. Le dimanche, quand il s'essuyait les chaussures devant la porte avant de sonner, j'aurais volontiers pris la fuite. Il me tenait en son pouvoir comme un serpent l'oiselet. Une force irrésistible m'obligeait à rester et à l'attendre pour sentir sa main sur mon front et écouter la sentence fatidique. Après une année d'angoisses, j'amenai un jour mon père à parler des cornes de Moïse ; il m'apprit que Moïse avait été le seul homme à en porter. Je n'avais donc plus rien à craindre.

Albert Schweitzer
à l'âge de cinq ans

Le sacristain remarquant que je lui échappais, inventa une nouvelle torture. Il me parla de service militaire. « Nous voilà Prussiens, dit-il ; chez les Prussiens, chacun est obligé de servir. Et les soldats portent des habits de fer. Dans quelques années, on te fera prendre mesure pour un costume en fer chez le forgeron près de la gare. »

Je ne négligeais aucune occasion de m'arrêter devant la forge et d'épier si quelque soldat venait se faire prendre mesure. Mais il n'entrait jamais que des ânes et des chevaux à ferrer. Plus tard, voyant l'image d'un cuirassier, j'interrogeai ma mère. A mon grand soulagement, elle me répondit que les simples soldats portaient des habits de drap et que je serais un simple soldat.

Ce sacristain, vétéran de la guerre de Crimée, était un de ces pince-sans-rire comme il n'en a jamais manqué à Gunsbach. Il avait voulu m'habituer à la plaisanterie de façon un peu rude.

Dans ses fonctions de sacristain et de fossoyeur, il était plein de dignité et marchait dans l'église d'un pas majestueux. Au demeurant, un original dont le nom est resté populaire. Un matin de fenaison, comme il avait déjà le râteau sur l'épaule pour se rendre au pré, un paroissien vint lui dire : « Mon père est mort » et le pria de creuser la fosse. Ah, par exemple, il fut bien reçu ! « Mon père est mort ! !... chacun peut dire ça ! »

Un dimanche soir, en plein été, comme nous passions devant chez lui, il aborde mon père, les larmes aux yeux, et lui confie l'histoire de son veau. Il avait élevé un beau petit veau qui le suivait comme un chien. Au début de l'été, il l'avait mis en pâturage à la montagne et il était allé ce jour-même lui rendre visite. Mais voilà, l'animal ne l'avait pas reconnu, et le père Jæglé n'était plus pour son veau qu'un homme semblable aux autres. Indigné de tant d'ingratitude, il jura que la bête ne rentrerait pas dans son étable et la vendit dare-dare.

Chapitre II

A L'ÉCOLE PRIMAIRE

La perspective de fréquenter l'école ne me souriait pas du tout. Quand, un beau jour d'octobre, mon père me mit pour la première fois l'ardoise sous le bras, et vint me présenter à l'institutrice, j'ai pleuré tout le long du chemin. Je pressentais que c'en était fini de mes heureux jours de rêves et de liberté. Jamais mon imagination ne s'est laissée séduire par l'apparence flatteuse de la nouveauté ; c'est toujours sans illusions que j'ai affronté l'inconnu.

La première visite de l'inspecteur scolaire me fit une impression profonde. L'institutrice était si troublée que ses mains tremblaient en lui tendant le journal de classe, et le père Iltis, à la mine d'ordinaire si sévère, ne faisait que sourires et courbettes. Mais mon émotion provenait avant tout de ce que, pour la première fois de ma vie, je voyais de mes yeux un homme qui avait écrit un livre. Son nom (il s'appelait Steinert) était imprimé en toutes lettres sur le livre vert de lecture des classes moyennes, et sur le livre jaune des classes supérieures ; et voici qu'en chair et en os se dressait devant mes yeux émerveillés l'auteur de ces deux livres, que je plaçais immédiatement après la Bible. Son extérieur n'avait rien d'imposant : une taille exiguë, un nez rouge, un crâne chauve, un ventre d'obèse ; habit gris. Mais à mes yeux, il était auréolé d'une gloire : il était l'homme qui a écrit un livre. Je ne comprenais pas que l'instituteur et l'institutrice lui parlent comme à un commun mortel.

Peu après cette première rencontre, voici un événement plus important. Il y avait dans le village voisin un Juif du nom de Mausché qui faisait le commerce du bétail et des terres et qui traversait parfois Gunsbach avec sa charrette et son âne. Comme, à cette époque, aucun Israélite n'habitait notre village, c'était chaque fois un événement pour les gamins. Ils couraient après lui en se moquant. Pour montrer que moi aussi je commençais à me sentir homme, je me joignis un jour à eux sans bien me rendre compte de quoi il s'agissait. Je fis donc cortège avec les autres, en criant : « Mausché ! Mausché ! » Les plus hardis, relevant le coin de leur tablier ou de leur veste, le pliaient en forme d'oreille de porc et s'approchaient de lui en gambadant. Nous le poursuivîmes ainsi jusqu'au pont en dehors du village. Cependant Mausché, dont la figure, constellée de taches de rousseur, s'encadrait d'une barbe grise, poursuivait sa route d'un pas tranquille et la tête baissée comme son âne. De temps à autre, il se retournait vers nous avec un sourire embarrassé et indulgent. Ce sourire me désarma. Ce Mausché le premier m'a appris le silence dans la persécution. Il m'a donné une forte leçon. Dès lors je me mis à le saluer respectueusement. Plus tard, quand je fréquentais déjà le lycée, je pris l'habitude de lui tendre la main et de faire un bout de chemin avec lui.

Jamais il n'a su ce qu'il était pour moi. On raconte qu'il pratiquait l'usure et le morcellement des terres ; je n'en sais rien. Pour moi, il est toujours resté Mausché au sourire indulgent, le Mausché qui aujourd'hui encore m'oblige à la patience quand je suis tenté de m'irriter.

* * *

Je n'étais pas querelleur. Mais j'aimais, en des luttes amicales, à mesurer mes forces à celles de mes camarades. Un jour, au sortir de l'école, nous nous sommes mis en ligne, Georges Nitschelm (il repose depuis longtemps sous terre) et moi. Bien que Georges fût plus grand et passât pour le plus fort des deux, j'eus le dessus. Pendant que je le tenais sous moi, il me cria : « Ah ! si l'on me donnait du bouillon gras deux fois par semaine, je serais aussi fort que toi ! » Effrayé de la tournure que notre jeu venait de prendre, je rentrai chez nous d'un pas accablé. Georges Nitschelm avait exprimé en termes blessants ce que d'autres insinuaient. Les garçons du village ne me considéraient pas comme l'un des leurs : à leurs yeux, j'étais un favori du sort, le fils du pasteur, un petit monsieur. J'en souffris ; je ne voulais pas être d'une autre essence qu'eux, ni jouir d'un privilège. Je pris le bouillon en dégoût ; et chaque fois que je voyais la soupe fumante sur la table, j'entendais la voix de Georges Nitschelm.

A partir de ce jour, je veillai attentivement à ne me distinguer en rien des autres. A l'entrée de l'hiver, on arrangea à ma taille un vieux manteau de mon père ; or, aucun gamin du village ne portait de manteau. Lorsque le tailleur me l'essaya en ajoutant : « Sapristi, Albert, te voilà bientôt un monsieur ! » j'eus peine à refouler mes larmes. Mais le jour où je dus le mettre pour la première fois (c'était un dimanche matin, au moment de partir pour l'église), je m'y refusai net. Il s'ensuivit une scène pénible. Mon père m'allongea une gifle. Rien n'y fit. Il fallut m'emmener à l'église sans manteau.

Or, chaque fois que je devais mettre mon manteau, c'était la même histoire. Que de coups ce vêtement m'a valu ! Mais je restai inébranlable.

Au cours du même hiver, ma mère m'emmena à Strasbourg pour aller visiter un vieux parent. Elle profita de l'occasion pour m'acheter une casquette. Nous entrâmes donc dans un beau magasin où l'on nous en présenta plusieurs. Ma mère et la vendeuse fixèrent leur choix sur un béret de matelot dont j'aurais dû me coiffer immédiatement. Mais elles avaient compté sans leur hôte. Il m'était impossible d'accepter un béret de ce genre : aucun gamin du village n'en portait. Comme on insistait pour me faire choisir ce béret ou tel autre de ceux qu'on m'avait essayés, je fis une scène à ameuter tout le magasin. « Mais quelle sorte de casquette veux-tu donc, gros nigaud ? » me dit la vendeuse avec humeur.

— « Je ne veux point de vos casquettes à la nouvelle mode, j'en veux une comme celle des garçons du village. » On fit chercher parmi les vieux rossignols une casquette brune qu'on pouvait rabattre sur les oreilles. Rayonnant de joie, je m'en coiffai, pendant que ma pauvre maman recueillait quelques propos mordants et regards ironiques à l'adresse de son lourdaud de fils.

Je souffrais à la pensée que mon entêtement l'avait couverte de ridicule. Mais elle ne me gronda pas, sentant bien que ce n'était pas simple caprice.

Ce dur combat dura aussi longtemps que mon séjour à l'école du village ; il empoisonna non seulement mon existence, mais encore celle de mon père. Je ne voulais porter que des mitaines, mes camarades ne portant pas de gants. En semaine j'entendais ne chausser que des sabots parce qu'eux ne portaient des souliers que le dimanche. Chaque fois que nous recevions des visites, le conflit renaissait, parce qu'il me fallait alors endosser des vêtements conformes à ma condition. Dans la maison, je me prêtais à toutes les concessions. Mais dès qu'il s'agissait de m'habiller en petit monsieur, pour accompagner les visites à la promenade, je redevenais le garçon insupportable qui faisait enrager son père, et le vaillant héros qui acceptait les gifles et se faisait enfermer à la cave. J'étais profondément peiné de me montrer si récalcitrant envers mes parents. Louise, ma sœur aînée, comprenait mes souffrances et y sympathisait.

Les garçons du village ignoraient ce que j'endurais à cause d'eux. Ils considéraient comme tout naturel les efforts que je faisais pour ne différer d'eux en rien et ils ne manquaient jamais, au moindre désaccord, de me lancer la blessante épithète de « petit monsieur ».

* * *

J'étais depuis peu en classe quand je fis une des plus douloureuses expériences que nous réserve l'école de la vie. Je fus trahi par un ami. Voici comment. La première fois que j'entendis le mot d'avorton, je ne savais pas au juste ce qu'il signifiait ; il me semblait impliquer quelque chose de particulièrement antipathique. C'est dans ce sens que je l'enregistrai dans ma mémoire. L'institutrice nouvelle, Mlle Goguel, n'avait pas encore conquis mes bonnes grâces. Je lui appliquai donc le vocable mystérieux. Un jour que je gardais les vaches en compagnie de mon plus cher camarade, je lui confiai avec mystère : « Mademoiselle Goguel est un avorton. Mais ne le redis à personne ! » Il me le promit.

Quelques jours après, une dispute s'éleva entre nous sur le chemin de l'école. Dans l'escalier, il me dit : « C'est bon, je dirai à Mademoiselle que tu l'as appelée avorton ». Je ne pris pas sa menace au sérieux ; une telle trahison me semblait impossible. Mais pendant la récréation, il s'approcha en effet de l'institutrice et dit : « Mademoiselle, Albert a dit que tu es un avorton ». L'affaire n'eut pas de suite, Mademoiselle ne comprenant pas à quoi ça rimait. Pour moi ce fut un coup terrible qui me laissa stupéfait. Cette première trahison détruisit brutalement toutes les belles conceptions que je m'étais faites de la vie. Il me fallut des semaines pour retrouver mon équilibre. La vie s'était révélée à moi. Je portais la plaie douloureuse qu'elle nous inflige à tous et qu'elle ne cesse de maintenir ouverte par des coups toujours renouvelés. De tous ceux que j'ai reçus depuis, certains ont été plus durs, mais aucun n'a été plus profondément ressenti.

Je ne fréquentais pas encore l'école que mon père me donnait déjà des leçons de musique sur un vieux piano carré. Je ne jouais guère d'après les notes ; j'étais surtout heureux quand j'improvisais ou reproduisais des chants et cantiques avec accompagnement de mon cru. A la leçon de chant, l'institutrice ne jouait les chorals que d'un doigt, sans accompagnement ; je trouvais cela peu harmonieux, et une fois, je lui demandai pendant la récréation pourquoi elle n'ajoutait pas les accords à la mélodie. Dans mon zèle, je me mis à l'harmonium et, tant bien que mal, je jouai de mémoire le cantique avec une harmonisation improvisée. Elle parut charmée et me regarda avec de grands yeux. Toutefois elle continua à tapoter d'un seul doigt. Je m'aperçus alors que je savais quelque chose de plus qu'elle, et je rougis de lui avoir fait montre d'un savoir que je considérais comme tout naturel.

Au demeurant, j'étais un élève silencieux et rêveur qui apprenait avec peine à lire et à écrire.

Il me reste un autre souvenir de ma première année scolaire. Avant mon entrée à l'école, mon père m'avait raconté quantité d'histoires bibliques, entre autres celle du déluge. Or, cette année-là, l'été fut très pluvieux et à l'improviste je fis à mon père cette remarque : « Voilà bien quarante jours et quarante nuits qu'il pleut chez nous, et l'eau ne monte même pas jusqu'aux maisons ; il s'en faut qu'elle atteigne les montagnes ! — Bien sûr, me répondit-il, mais à l'origine du monde, la pluie ne tombait pas par gouttes, comme à présent, mais à pleins seaux ». Cette explication me frappa. Lorsque l'institutrice nous raconta à son tour l'histoire du déluge, je m'attendais à ce qu'elle nous signalât, elle aussi, la différence entre les pluies d'autrefois et celles de nos jours. Mais elle n'en souffla mot. Ne me contenant plus : « Mademoiselle, m'écriai-je de ma place, il faut que tu racontes l'histoire comme elle s'est passée ». Et sans me laisser imposer silence, je continuai : « Il faut que tu dises qu'à cette époque la pluie ne tombait pas par gouttes, mais à pleins seaux ».

A l'âge de huit ans, mon père, cédant à mes prières, me donna un Nouveau Testament que je me mis à lire avec empressement. Parmi les histoires qui m'intéressaient tout particulièrement, il y avait celle des Rois Mages. « Qu'est-ce que les parents de Jésus ont bien pu faire de tout l'or et de toutes les pierres précieuses que ces hommes leur avaient apportés ? me demandai-je. Et comment se fait-il qu'ils restèrent pauvres? »

Je trouvais étrange que les Rois Mages ne se fussent plus occupés de l'enfant Jésus, et que l'histoire ne dit pas si les bergers de Bethléem devinrent plus tard disciples de Jésus. Tout cela me troublait singulièrement.

En deuxième année nous avions chaque semaine deux leçons de calligraphie avec l'instituteur ; nous nous rendions pour cela dans sa classe, où il venait de diriger la leçon de chant des grands. Parfois nous devions attendre dans le corridor ; lorsque j'entendais chanter à deux voix : « Là-bas, près du moulin, je goûtais un doux repos... » ou « Qui t'a fait ton dôme ombreux, forêt... » j'étais obligé de m'appuyer au mur pour ne pas tomber. Le charme de cette musique à deux voix faisait courir un frisson sur tout mon corps. De même, la première fois que j'entendis une fanfare, je fus près de m'évanouir. Mais je ne goûtais guère le violon et ce n'est qu'à la longue que je m'y habituai.

C'est en ce temps-là que se répandit l'usage du

vélocipède. Nous avions déjà entendu dire que les voituriers pestaient contre des gens qui, juchés sur de grandes roues, passaient en coup de vent sur les routes et effrayaient les chevaux. Or, un matin que nous jouions dans le préau pendant la récréation, on vint nous dire qu'un vélocipédiste était descendu à l'auberge près de la gare. Oubliant l'école et les jeux, nous courûmes admirer la haute roue accotée près de la porte. Des adultes ne tardèrent pas à se joindre à nous, impatients de voir apparaître le « coureur » qui achevait sa chopine à l'auberge. Enfin il parut sur le seuil. Ce fut un éclat de rire général ; on n'en revenait pas de voir un adulte en culotte courte. Mais déjà il avait enfourché son véhicule et s'éloignait en pédalant.

A côté des cycles à haute roue parurent vers 1886 les machines de hauteur moyenne qu'on appelait les kangourous et auxquelles succédèrent bientôt les bicyclettes. Mais les premiers qui y montèrent s'attirèrent bien des quolibets : on prétendait qu'ils n'avaient pas le courage de grimper sur le vélocipède à haute roue.

J'étais au lycée, en classe de rhétorique, lorsque, réalisant un de mes vœux les plus ardents, je devins possesseur d'une bicyclette ; j'avais gagné les deux cent trente marks qu'elle me coûta en donnant pendant dix-huit mois des leçons de mathématiques à des condisciples attardés; c'était une machine usagée. Mais à cette époque on tenait encore pour peu convenable qu'un fils de pasteur allât en vélo. Heureusement mon père était homme à se mettre au-dessus de pareils préjugés. Toutefois il ne manqua pas de gens pour blâmer l'« émancipation » de son fils.

Edouard Reuss, le fameux orientaliste et théologien de Strasbourg, s'opposait à ce que les étudiants en théologie fissent du vélo. En 1893, le jour où j'entrai avec ma bicyclette au Séminaire de Théologie de Saint-Thomas, le directeur, M. Erichson, me disait ne pouvoir m'y autoriser que parce que le professeur Reuss n'était plus en vie.

La jeunesse actuelle a de la peine à se représenter quelle importance eut pour nous le développement de la bicyclette. C'était la clef des champs, le véhicule magique qui nous transportait en pleine nature. Pour moi j'en ai profité abondamment et avec délices.

J'avais vu les premiers vélos ; je vis aussi les premières tomates. J'avais environ six ans lorsque notre voisin Léopold nous apporta, comme une grande nouveauté, quelques-uns de ces fruits rouges qu'il avait cultivés dans son jardin. Ce cadeau mit ma mère dans quelque embarras, car elle ne savait pas au juste comment les accommoder. Lorsqu'on apporta la sauce rouge sur la table, elle eut si peu de succès qu'elle fut versée en majeure partie dans la poubelle. La tomate s'acclimata en Alsace quelques années plus tard, vers 1890.

* * *

Le cabinet de travail de mon père m'inspira de

tout temps une crainte mystérieuse. Je ne me décidais à en franchir le seuil qu'en cas d'absolue nécessité. L'odeur de livres qui l'emplissait me coupait la respiration. Il me semblait contre nature que mon père fût continuellement assis à sa table à écrire et à étudier. Je me demandais comment il faisait pour supporter un pareil régime et je me promettais bien de ne jamais m'abandonner à pareille occupation. J'appréciai mieux la vie sédentaire de mon père lorsque je fus assez avancé pour goûter le charme des contes villageois qu'il publiait dans les feuilles religieuses et les almanachs d'Alsace. Son modèle littéraire était Jérémias Gotthelf, le pasteur suisse bien connu comme écrivain. Cependant mon père se montrait plus discret que lui dans la peinture des personnages et évitait de les rendre reconnaissables par une trop grande précision.

Mais une fois par an, il me fallait, hélas, faire ample connaissance avec le cabinet de travail. C'était entre Noël et Nouvel An. Un jour, à cette époque, après le petit déjeuner, mon père déclarait : « Aujourd'hui, on écrira les lettres. Vous acceptez volontiers les étrennes. Mais lorsqu'il s'agit de rédiger les remerciements, vous êtes trop paresseux. Allons ! au travail ! et que je ne voie pas de mines boudeuses ! »

Oh ! ces heures, pendant lesquelles j'étais assis avec mes sœurs dans le cabinet de travail imprégné du relent des livres, à écouter le grincement de la plume de mon père, l'esprit absent, en compagnie de mes camarades qui, sur leurs traîneaux, descendaïent comme des flèches la pente derrière l'église... ! Et pendant ce temps il me fallait rédiger des lettres de remerciements à l'adresse de mes oncles, tantes, parrains et autres donateurs ! Et quelles lettres ! Jamais tâche plus ardue ne s'est présentée à ma plume. Toutes les lettres, bien entendu, se composaient de trois points et d'un contenu toujours identique : 1° Remerciements pour les étrennes reçues et assurance que de toutes, celles-là précisément m'avaient causé le plus de plaisir. 2° Énumération des autres cadeaux reçus. 3° Souhaits de Nouvel An. Mais, semblables quant au fond, les lettres devaient différer de forme. Et dans chacune d'elles, il s'agissait, difficulté redoutable, de passer, par une transition ingénieuse, des cadeaux aux souhaits. Je ne parlerai pas de la perplexité où me jetait le compliment final, qui devait nécessairement varier selon le destinataire.

Chaque lettre était d'abord présentée en brouillon à mon père ; puis il fallait la corriger et la remanier d'après ses remarques, et finalement la transcrire sur une belle feuille, sans faute ni tache.

Souvent l'heure du repas de midi sonnait sans que j'eusse ébauché une seule des six ou sept lettres imposées. Pendant des années j'ai ainsi salé de mes larmes les repas entre Noël et Nouvel An. Il m'arriva même une fois de commencer à pleurer dès le jour de Noël, après la distribution des cadeaux, en pensant aux inévitables lettres.

Ma sœur Louise était très adroite à donner à chaque lettre un tour différent et à varier les transitions. Tant de facilité épistolaire m'inspirait une admiration sans bornes.

Je gardai de longues années, envers les cabinets de travail et les lettres à écrire, la répugnance que m'avaient causé ces compliments de Nouvel An. Depuis, les circonstances m'ont amené à entretenir une correspondance fort étendue. Quant aux lettres terminées par de belles formules de félicitations, je n'ai pas encore appris à les rédiger. Aussi lorsque ma qualité d'oncle et de parrain m'amène à faire des cadeaux, je défends régulièrement à ceux qui les reçoivent de m'adresser des lettres de remerciements. Je ne veux pas que, comme moi, ils assaisonnent de larmes leur soupe, entre Noël et Nouvel An.

La semaine de Noël était la seule où notre père fût sévère avec nous. Pour le reste, il nous laissait toute liberté compatible avec notre âge. Nous savions apprécier sa bonté et nous lui en étions profondément reconnaissants. Pendant les vacances d'été, il nous emmenait deux ou trois fois par semaine dans la montagne. Nous poussions comme les églantines des buissons.

Dès ma troisième année d'école, je suivis les « grandes classes » dirigées par le père Iltis. C'était un maître très capable. Sans efforts extraordinaires, je profitai beaucoup de son enseignement.

Toute ma vie je me suis félicité d'avoir fréquenté

l'école du village. Ce fut bon pour moi d'avoir à me mesurer, pour l'intelligence, avec les garçons du village et d'être ainsi forcé de constater que leur tête valait bien la mienne. Bien des enfants qui entrent tout droit au lycée se persuadent mutuellement que les fils de famille possèdent, de par la grâce de Dieu, plus d'intelligence que les gamins en sabots et en culottes rapiécées. C'est un genre de vanité que je n'ai jamais connu. Aujourd'hui encore, quand je rencontre, au village ou aux champs, l'un ou l'autre de mes camarades d'école, je me souviens aussitôt de telle aptitude par laquelle ils m'étaient supérieurs. Celui-ci calculait de tête mieux que moi ; celui-là faisait moins de fautes à la dictée ; tel autre retenait toutes les dates de l'histoire ; tel autre encore était le premier en géographie ; enfin (et c'est à toi que je pense, Fritz Schœppeler) il en était un qui avait une écriture presque plus belle que le maître même. Ils ont conservé à mes yeux jusqu'à ce jour leur supériorité d'antan.

Chapitre III

A L'ÉCOLE SUPÉRIEURE DE MUNSTER

À l'âge de neuf ans, on me mit à l'école supérieure de Munster, de sorte que matin et soir j'avais à parcourir un trajet de trois kilomètres au pied de la montagne. Quelle jouissance de faire la route tout seul, évitant les camarades, et laissant vagabonder mes pensées ! Que de souvenirs je conserve de cette année-là, quelles impressions j'ai ressenties au cours de l'automne, de l'hiver, du printemps, de l'été ! Lorsqu'on décida, en 1885, de me mettre au lycée de Mulhouse, en Haute-Alsace, je versai des heures durant, des larmes secrètes. Il me semblait qu'on me séparait de la nature.

J'essayai de traduire en vers l'enthousiasme que m'inspiraient les beautés de la nature, telles que je les goûtais pendant mes courses à Munster. Mais je ne dépassai jamais les deux ou trois premières rimes. Plusieurs fois j'ai tenté de dessiner la montagne, couronnée d'un vieux château, qui se dressait au bout de la route. Cet essai échoua également. Dès lors je me résignai à ne jouir du beau qu'au fond de mon être, sans chercher à l'exprimer en œuvre d'art. Je ne me suis plus essayé aux croquis ni aux poèmes.

L'improvisation musicale est restée ma seule faculté créatrice.

A l'école de Munster, les leçons de religion étaient données par le pasteur Schæffer, personnalité religieuse de premier ordre et orateur remarquable en son genre. Il racontait les histoires de la Bible de façon saisissante. Je nous vois encore, lui pleurant à la chaire et nous sanglotant sur nos bancs, au moment où Joseph se fait reconnaître de ses frères. Il m'avait surnommé Isaac, c'est-à-dire le rieur. Un rien, en effet, me faisait rire et cette faiblesse était exploitée par mes camarades jusqu'à la cruauté. Que de fois ne lisait-on pas dans le journal de classe : « Schweitzer rit ». Et pourtant je n'avais pas le tempérament folâtre ; j'étais plutôt timide et renfermé.

Ce caractère renfermé, je le tenais de ma mère. Nous n'avions pas le don d'exprimer en paroles notre affection mutuelle. Les heures sont rares où nous avons échangé nos sentiments intimes. Nous nous comprenions sans mot dire.

De ma mère aussi j'ai hérité une certaine vivacité d'humeur qu'elle tenait de son père. Ce dernier avait été la bonté même, mais d'un caractère emporté. Je m'aperçus de mon tempérament passionné dans nos jeux. Je les prenais trop au sérieux et je me fâchais tout rouge lorsque mes camarades n'y mettaient pas la même ardeur. A l'âge de neuf ou dix ans, je levai la main sur ma sœur Adèle parce que, au jeu de croquet, elle se montrait adversaire indifférente et me laissait, par sa négligence, remporter une victoire facile. A partir de ce moment, j'eus peur de ma passion et peu à peu je renonçai à jouer à quoi que ce soit. Jamais je n'ai osé toucher à une carte.

De même, le 1er janvier 1899, étant étudiant à Paris, je cessai pour toujours de fumer, parce que le tabac devenait pour moi une passion.

J'eus à soutenir des combats énergiques contre mes emportements. De mon enfance je conserve des souvenirs humiliants qui sans cesse me mettent en garde contre la colère.

Mon grand-père Schillinger, que je n'ai pas connu, était un partisan zélé du progrès. Il portait encore en lui l'esprit du dix-huitième siècle, du « siècle des lumières ». A Muhlbach, après le service divin, il communiquait à ses ouailles attentives, devant le porche de l'église, les dernières nouvelles politiques et les récentes inventions. Quand le ciel étoilé présentait quelque phénomène intéressant, il dressait sa lunette astronomique devant sa maison et permettait à tout passant d'y jeter un regard.

Le curé de Muhlbach était comme mon grand-père imbu de l'esprit libéral et des idées généreuses du dix-huitième siècle. Les deux ecclésiastiques, dont les demeures étaient voisines, vivaient dans une fraternelle entente. Arrivait-il chez l'un plus de visites qu'il n'en pouvait loger, il demandait pour elles l'hospitalité de son collègue. L'un partait-il en voyage, l'autre visitait ses malades pour ne point les laisser sans consolations spirituelles. Le matin de Pâques, quand le curé revenait de la messe pour s'asseoir au festin pascal, mon grand-père ne manquait pas de lui souhaiter, par la fenêtre ouverte, un bon appétit à la fin de son carême.

Une nuit, un formidable incendie éclata au village. Le presbytère évangélique paraissant menacé, on mit les meubles à l'abri dans la cure catholique. La crinoline de ma grand'mère fut déposée dans la chambre du vicaire catholique, d'où elle réintégra le lendemain le presbytère protestant.

Mon grand-père préparait ses sermons avec un soin minutieux. Le samedi, il exigeait dans la maison le plus profond silence. On ne recevait aucune visite. Au temps que son fils faisait ses études à Strasbourg, il devait prendre ses dispositions pour ne pas rentrer un samedi à la maison paternelle.

C'était, semble-t-il, une nature autoritaire que ce brave pasteur Schillinger. Il imposait le respect. Quand on avait quelque affaire à traiter avec lui, on savait qu'il fallait se présenter au presbytère en redingote et chapeau haut de forme.

Aujourd'hui encore, on raconte de lui mainte anecdote, là-haut dans la vallée. Deux de ces histoires ont trait à la tourte, fameux pâté à la viande, spécialité de la vallée de Munster. Quand il présidait, comme pasteur, aux repas de noces ou de baptêmes, la charge lui incombait de découper la tourte. Un jour, il demanda, dit-on, s'il était indifférent qu'il entamât le pâté à un endroit plutôt qu'à un autre. Comme on lui laissait toute liberté : « Bien, dit-il, alors je le découperai chez moi ». Une autre fois, il découpa, par mégarde, une tranche de moins qu'il ne fallait, Lorsque le plat lui revint vide, il déclara : « Du reste, je ne l'aime pas ! » bien que chacun sût le contraire. Les anecdotes relatives au pasteur Schillinger se racontent encore aux repas de noces et de baptêmes, et ne manquent jamais d'égayer les convives, qui les connaissent pourtant depuis leur enfance.

Le presbytère qu'il habitait et l'église où il prêchait n'existent plus. Les obus les ont détruits, pulvérisés. Une profonde tranchée passait à travers l'église, Mais, comme par miracle, la tombe du vieux pasteur, près de l'église, est demeurée intacte.

A l'âge où je comprenais à peine ce qu'on me disait, ma mère m'expliqua que je portais le nom d'Albert en mémoire de son frère défunt. En réalité, c'était un demi-frère, né d'un premier mariage de mon grand-père. Il avait été pasteur à l'église Saint-Nicolas à Strasbourg. En 1870, après la bataille de Wissembourg, il fut délégué à Paris pour en rapporter des médicaments en prévision du siège probable de Strasbourg. A Paris, au lieu de mettre à sa disposition les médicaments si ardemment sollicités par les médecins de la garnison de Strasbourg, on le renvoya de bureau en bureau. Enfin, lorsqu'il put reprendre le chemin de l'Alsace, muni d'une minime partie des produits pharmaceutiques demandés, la place forte était complètement investie. Le général von Werder, qui commandait l'armée de siège, laissa passer les médicaments, mais retint mon oncle prisonnier.

Il dut assister à l'investissement parmi les assiégeants, et fut torturé à la pensée que ses paroissiens le soupçonnaient peut-être de les avoir abandonnés en cette calamité. Il ne tarda pas à succomber aux suites de ces émotions, car il était cardiaque. Au cours de l'été 1872, il s'abattit foudroyé au milieu de ses amis strasbourgeois.

J'étais fort préoccupé de l'idée que je continuais l'existence d'un homme qui avait été si cher à ma mère, d'autant plus qu'on me citait sans cesse des traits de sa bonté. Lorsque, après le siège, le lait devint, pour un temps, très rare à Strasbourg, il allait tous les matins porter sa propre ration à une pauvre vieille, qui le raconta à ma mère après la mort de mon oncle.

* * *

Aussi haut que remontent mes souvenirs, j'ai souffert des nombreuses misères qui accablent le monde. Je n'ai jamais connu la véritable joie de vivre, si naturelle à la jeunesse, et je crois que c'est le cas de beaucoup d'enfants, en apparence parfaitement heureux et insouciants.

Je souffrais surtout à la vue des maux et des durs labeurs auxquels sont condamnés les pauvres animaux. Le spectacle d'un vieux cheval boiteux qu'on menait à l'abattoir de Colmar en le tiraillant à la longe par devant et en le frappant à coups de trique par derrière, me poursuivit pendant des semaines comme un cauchemar.

Surtout, je n'arrivais pas à comprendre, et cela déjà avant mon entrée à l'école, pourquoi, dans la prière du soir, on ne me faisait intercéder que pour les êtres humains. Aussi, quand ma mère s'était retirée après un baiser et un affectueux « Bonne nuit ! », je faisais tout bas une prière supplémentaire. « Bon Dieu, disais-je, protège et bénis tout ce qui respire ; préserve du mal tous les êtres vivants et fais-les dormir en paix ! »

Je pouvais avoir sept ou huit ans quand se produisit un incident qui m'a laissé une impression profonde. Henri Bræsch et moi, nous nous étions fabriqué des frondes en caoutchouc. Un matin de printemps, un des dimanches de la Passion, il me dit : « Viens ! allons dans les vignes, tirer des oiseaux ! » Bien que cette proposition me fasse horreur, je n'ose le contredire, de peur de ses railleries. Nous arrivons près d'un arbre encore sans feuilles et tout peuplé d'oiseaux qui, sans nous redouter, chantaient gaîment dans le matin clair. Se baissant comme un Indien en chasse, Bræsch ajuste un caillou et bande les cordons. Obéissant à son regard dominateur, j'en fais autant, la conscience torturée, me promettant bien de manquer le but. Au même instant, les cloches de l'église résonnent, mêlant dans le ciel radieux leur harmonie au gazouillis des oiseaux. C'était la première sonnerie précédant d'une demi heure la principale. Pour moi, ce fut comme si le ciel me parlait. Je jette ma fronde, j'effarouche les oiseaux pour les mettre à l'abri de l'arme de Bræsch, et je cours à toutes jambes à la maison. Toutes les fois que les cloches de la Passion retentissent dans le ciel printanier où les arbres dressent leurs branches dénudées, je pense avec une émotion reconnaissante au commandement que me rappela jadis leur voix grave : « Tu ne tueras point ! »

A partir de ce jour, je trouvai le courage de m'affranchir de la crainte des hommes. Chaque fois que ma conviction intime se trouva en jeu, l'opinion d'autrui ne compta plus. J'appris à ne plus redouter les risées de mes camarades.

Ce commandement qui nous défend de tuer et de tourmenter opéra en moi comme une crise morale. Ce fut le grand événement de mon enfance et de ma jeunesse. En comparaison, tous les autres pâlissent. A l'époque où j'allais encore à l'école, nous avions un chien jaune, du nom de Phylax. Comme beaucoup de ses congénères, il avait en haine l'uniforme, et s'attaquait toujours au facteur. De plus il mordait et s'en était même pris un jour à un gendarme ; je fus donc chargé de le tenir en respect à l'heure du courrier. Armé d'une baguette, je l'acculais dans un coin de la cour, où je le maintenais jusqu'au départ du facteur. Avec fierté, je prenais des airs de dompteur devant la bête qui aboyait et montrait les dents, et j'étais prêt à la cingler de coups, si elle faisait mine de sortir de son réduit. Cette fière attitude ne durait guère. Peu après, nous nous retrouvions assis l'un près de l'autre en bons amis, et je me faisais des reproches de l'avoir battu. Pour l'empêcher de courir sus au facteur, il m'aurait suffi de le retenir par le collier et de le caresser de la main, je le savais bien. Mais quand l'heure fatale revenait, je succombais à la vanité de faire le dompteur.

Pendant les vacances, le voisin me permettait de conduire. Son cheval brun était un peu vieux et poussif, et il fallait le ménager. Passionné pour mon nouveau métier, je me laissais toujours entraîner à le toucher du fouet pour le faire trotter, quand même je remarquais sa fatigue. La fierté de conduire au trot faisait taire toute autre considération. Le voisin me laissait faire pour ne pas gâter mon plaisir. Ma joie tombait, lorsque, rentré à l'écurie, je voyais, en déharnachant le cheval, combien ses flancs haletaient : j'y avais moins pris garde quand je trônais sur le siège. Que servait-il ensuite de regarder ses yeux las et de lui demander tout bas pardon?

Une fois, déjà lycéen, je passais dans ma famille le congé de Noël, et je conduisais un traîneau. Soudain, de la maison de notre voisin Lœscher, son chien, connu comme méchant, s'élance en aboyant au-devant de mon cheval. Je crois être en droit de lui allonger un bon coup de fouet, quoique, visiblement, il ne courût vers le traîneau que par besoin de se démener. Trop bien visé ! Le chien, atteint dans l'œil, se roule en hurlant dans la neige. J'entendis, des semaines durant, sa voix plaintive...

J'ai pêché deux fois à la ligne avec d'autres garçons. La torture des vers empalés à l'hameçon et des poissons à qui l'on déchirait la bouche, m'inspira une telle horreur que je refusai de continuer ce jeu cruel. J'eus même le courage d'en détourner des camarades.

Tels sont les épisodes, tantôt émouvants, tantôt humiliants, qui ont fait lentement mûrir en moi l'inébranlable conviction qu'à moins d'impérieuses nécessités, nous n'avons pas le droit d'infliger la souffrance ou la mort à un autre être. La cruauté de ces actes ne doit pas s'excuser de notre inconscience routinière ; j'en suis toujours plus persuadé ; j'ai même la certitude qu'au fond nous pensons tous de même et que si nous hésitons à en convenir et à agir en conséquence, c'est crainte d'être taxés de sentimentaux et parce que notre sensibilité s'émousse. Quant à moi, je me suis promis de ne pas la laisser s'émousser et de braver le reproche de sensiblerie.

Chapitre IV

AU LYCÉE DE MULHOUSE

A Mulhouse, je logeais chez oncle Louis et tante Sophie, un vieux couple sans enfants. Oncle Louis était le demi-frère de mon grand-père paternel en même temps que mon parrain. A ce double titre, il s'offrit à me recevoir gratuitement à son foyer pendant toute la durée de mes études au lycée. De la sorte il permit à mon père de me faire suivre l'enseignement secondaire. Plus tard seulement j'appréciai la grandeur de ce service. Au début, je ne sentis que la rigueur de la discipline à laquelle je dus me plier.

Mon oncle était directeur des écoles primaires de Mulhouse et occupait dans le bâtiment de l'école centrale près de l'église Mariahilf un appartement un peu sombre, affecté à ses fonctions.

Autrefois, vers 1855, si je ne me trompe, il avait habité Naples en qualité de directeur de l'école franco-allemande qu'y entretenaient à frais communs les deux colonies.

Dans la maison de mon oncle, ma vie était réglée jusque dans les moindres détails. Après le repas de midi, je devais faire des exercices de piano jusqu'au départ pour le lycée ; le soir, mes devoirs terminés, je me remettais au piano. « Tu ne sais pas si, un jour, la musique ne te sera pas très utile », me répétait ma tante toutes les fois qu'elle me ramenait, presque de force, à mon instrument. Se doutait-elle que la musique me servirait plus tard à rassembler les fonds nécessaires à l'érection d'un hôpital dans les forêts vierges de l'Ogooué?

Seuls les après-midi du dimanche me donnaient une vraie récréation. Nous faisions une promenade, puis on me permettait de satisfaire, jusqu'à dix heures, ma fringale de lecture.

Cette passion ne connaissait pas de bornes ; je la ressens encore aujourd'hui. Je ne puis me résoudre à quitter un livre commencé; je préfère passer la nuit à le lire, ou du moins à le parcourir jusqu'à la fin. Si le livre me plaît, je le relis deux ou trois fois de suite.

Cette façon de « dévorer les livres », comme disait ma tante, la mettait dans tous ses états. Elle aussi était passionnée de lecture, mais d'une autre manière. Ancienne institutrice, elle lisait, disait-elle, « pour jouir du style, qui est l'essentiel ». Tous les soirs, trois heures durant, une avant le souper, deux après, par-dessus son ouvrage de crochet ou de tricot, elle lisait un livre ouvert devant elle. Quand le style la ravissait, on voyait les aiguilles ralentir leur mouvement comme des chevaux que le cocher ne surveille plus. Et soudain c'était une exclamation : « Oh, ce Daudet ! oh, ce Theuriet ! Quel style ! Et ces descriptions de Victor Hugo ! »

En lisant *La famille Buchholtz*, de Julius Stinde, elle riait aux larmes, mais n'en restait pas un quart d'heure de plus devant son livre. A dix heures et demie, elle plaçait un signet entre les pages et levait la séance.

Réunis autour de la même table par une égale passion pour la lecture — encore que nous l'entendions de façon différente — nous étions l'un pour l'autre une énigme. Très soucieuse de mon éducation, ma tante contrôlait la rapidité avec laquelle je dévorais les livres. Tantôt avec bonté, tantôt avec autorité, tantôt par des railleries, elle cherchait à me corriger de mes habitudes superficielles pour me faire adopter une méthode plus réfléchie. Rien ne servit. La volonté est impuissante contre le tempérament. Ses remontrances ne m'ébranlaient guère, car j'étais convaincu que même au cours d'une lecture rapide, on fait attention au style et que c'est même le meilleur moyen de distinguer ce qui est bien et ce qui est mal écrit. Lorsque, en lisant au galop, je me permettais de sauter toute une série de phrases et même des descriptions entières, j'en concluais que le livre était mal écrit. Quand, au contraire, j'étais si vivement intéressé qu'irrésistiblement je m'attachais à chaque phrase, je jugeais le style bon. C'est encore mon opinion. Toutefois je me gardais d'exposer mes théories à ma tante et de l'irriter sur ce point ; elle me tenait en son pouvoir : c'était elle qui décidait si je lirais un quart d'heure de plus ou de moins.

Elle voyait surtout de mauvais œil l'avidité précoce avec laquelle je me jetais sur les journaux. Je ne disposais que d'un quart d'heure, celui où l'on mettait le couvert et où je devais interrompre mes devoirs scolaires. Je m'emparais du journal « *Strassburger Post* », du *Journal de Mulhouse*, de la *Nouvelle Gazette de Mulhouse*. Sous prétexe que je ne lisais que les feuilletons et les assassinats, ma tante entreprit de m'interdire les journaux. Je jurai mes grands dieux que je m'intéressais avant tout à la politique, c'est-à-dire à l'histoire contemporaine ; cette prétention d'un gamin de onze ans parut exagérée : l'affaire vint devant l'oncle. « Nous allons voir, dit-il au souper, si notre bonhomme lit les articles politiques ». Sur-le-champ, il me demande le nom des princes des Balkans et de leurs premiers ministres. Je dus ensuite lui donner la composition des trois derniers ministères français, et résumer le dernier discours d'Eugène Richter au Reichstag. Je subis cet examen brillamment tout en savourant les pommes sautées et la salade du menu. Là-dessus, permission me fut octroyée de lire les journaux non seulement pendant qu'on mettait le couvert, mais encore quand j'aurais terminé mes devoirs. J'en profitai, bien entendu, pour me délecter aussi des feuilletons. Mais la politique restait l'essentiel pour moi. Dès lors l'oncle commença à me traiter en grand garçon et à me parler aux repas des faits du jour.

Cet intérêt pour les affaires publiques me venait de ma mère. Elle lisait les journaux avec passion. Elle éprouvait un vrai dépit à en être privée les lendemains de Noël, de Pâques et de Pentecôte, bien qu'elle fût très pieuse et réclamât avec zèle le respect des jours de repos.

J'avais sans doute à peine plus de neuf ans quand je me mis à suivre avec intérêt et intelligence les événements contemporains. Quant aux événements antérieurs, les explications de mon oncle me furent d'un grand prix.

Chez mon oncle, vivait aussi Mademoiselle Anna Schæffer, fille du pasteur de Munster, institutrice à l'École supérieure des jeunes filles. Par son esprit avisé et son caractère aimable, elle a collaboré plus qu'elle ne s'en rendit compte à mon éducation.

J'étais particulièrement bien accueilli dans la famille de mon camarade Edouard Ostier. Sa mère était une femme supérieure. Plusieurs années de suite, Ostier passa les fêtes de la Pentecôte à Gunsbach.

J'avais également mes entrées chez le pasteur Matthieu, un érudit aux vastes lectures. Son fils, qui se distinguait par une forte personnalité et un esprit éveillé, était mon condisciple. Comme moi, il étudia plus tard la théologie. Il devint professeur de religion aux lycées de Zurich.

Outre ces deux familles, je ne fréquentais à vrai dire nulle part. Ma tante n'approuvait guère les « visites de droite et de gauche ».

Au début de mon séjour à Mulhouse, je souffrais beaucoup d'être séparé de la nature. Un jour ensoleillé de mars, à la fonte des neiges, j'étais assis après goûter à la table où je faisais d'ordinaire mes devoirs tandis que mes regards nostalgiques erraient au loin. Ma tante, occupée à repasser, devina sans doute ce qui se passait en mon cœur. « Viens, fit-elle, je t'emmène en promenade. » Nous traversons le pont du canal, où flottaient encore quelques glaçons, et nous montons vers les vignes. Ma tante n'était pas pressée de rentrer. Ce n'est qu'à la nuit tombante que nous reprenons le chemin du foyer. Nous avions à peine échangé quelques mots ; mais à partir de ce jour nos rapports furent tout différents. Je savais maintenant que sous une discipline rigoureuse, parfois pédante, se cachait un cœur qui sympathisait à ma nostalgie.

Plus tard, on me permit d'aller me promener tout seul les mercredis et samedis après-midi. Je montais régulièrement sur les hauteurs qui, au sud de la ville, lui font un cadre si pittoresque, et mes regards mélancoliques cherchaient les montagnes qui dominent Munster. Souvent je rencontrais sur la hauteur un vieillard, chapeau à la main et chevelure blanche au vent. Je le connaissais pour l'avoir vu en chaire. C'était le poète alsacien Adolphe Stœber, pasteur à Mulhouse. D'ordinaire il rapportait un bouquet de fleurs des champs. Avec le temps, il me traita en vieille connaissance et me permit de faire un bout de chemin avec lui. La compagnie d'un poète en chair et en os me remplissait de fierté.

Sur le Rebberg, Mme Ostier, la mère de mon condisciple, possédait un grand jardin. Que d'heures délicieuses j'y ai passées !

Chapitre V

LE LYCÉEN QUE JE FUS

A Mulhouse, pas plus qu'ailleurs, je ne me montrais bon élève au début. J'étais rêveur à l'excès. Mes mauvais bulletins désespéraient mes parents sans que je trouvasse l'énergie nécessaire pour un effort sérieux. Comme fils de pasteur, je bénéficiais d'une bourse et cette faveur risquait de m'être retirée. Mon père fut appelé auprès du directeur, qui lui signifia même qu'il vaudrait peut-être mieux me retirer du Lycée. Moi, dans ma somnolence, je ne me rendais pas compte des soucis que je causais à mes parents, étonné seulement que mon père ne me grondât pas. Il avait trop bon cœur et était trop triste pour me faire des reproches.

Alors parut un sauveur en la personne d'un nouveau maître, M. Wehmann. Bien que perdu dans mes rêveries, je sentis sa valeur dès le premier contact : il préparait minutieusement chacune de ses leçons. Il connaissait à une ligne près l'étendue de la tâche du jour, et la terminait exactement. Il nous rendait nos copies corrigées à l'heure dite. Cette discipline de soi, dont j'étais chaque jour témoin, agit sur ma conscience. J'aurais rougi de déplaire à un tel maître. Il devint mon modèle. Trois mois après, mon bulletin de Pâques me classait parmi les bons élèves, tandis que celui de Noël avait été si mauvais que ma mère en avait eu les yeux rouges toutes les vacances. Lorsque M. Wehmann fut plus tard appelé à Thann puis à Sarreguemines, je continuai à lui rendre visite. Il savait tout ce dont je lui étais redevable. A mon retour d'Afrique, à la fin de la guerre, je voulus aussitôt aller le voir. J'appris que, rendu neurasthénique par les privations, il s'était suicidé.

Le sentiment du devoir profondément ancré dans le cœur et poussé jusqu'aux détails les plus minimes est la grande force éducatrice qui accomplit ce que ne font ni paroles ni punitions. Telle est la leçon que m'a enseignée ce maître et à laquelle j'ai essayé plus tard de me conformer dans mon rôle d'éducateur.

Mon professeur de musique à Mulhouse eut aussi, pour le début, bien peu de plaisir à m'instruire. C'était Eugène Münch, sorti tout récemment du Conservatoire de Berlin, et organiste à l'église réformée de Saint-Etienne. « Albert Schweitzer est mon cauchemar », disait-il souvent. Cela tenait d'une part à ce que j'employais à déchiffrer et improviser les heures d'exercice que m'imposait tante Sophie, au lieu d'étudier ma tâche ; cela provenait en outre de la fausse honte qui m'empêchait de jouer avec sentiment devant mon maître. Je répugnais à profaner devant autrui les émotions que me donnait une belle page de musique. Bien des élèves éprouvent la même pudeur. Mon jeu sec et dur irritait mon professeur.

Un jour, toujours paralysé par la même gêne, je lui servis, avec ma monotonie habituelle, une sonate de Mozart, d'ailleurs imparfaitement étudiée. Avec humeur, il place devant moi la courte romance sans paroles en mi majeur de Mendelssohn : « Vraiment, dit-il, tu n'es pas digne de jouer de si belle musique. Tu vas encore me massacrer cette mélodie. C'est peine perdue de chercher à donner du sentiment à qui n'en a pas ! » — « Halte-là ! » pensé-je, je te montrerai bien que j'en ai ». Toute la semaine j'étudie sans relâche ce morceau, déjà maintes fois déchiffré. J'essaye même, ce qu'on n'avait jamais obtenu de moi, de trouver et de noter le meilleur doigté. La leçon suivante j'exécute correctement exercices et études, puis, bandant mes forces, je lui joue la romance sans paroles telle que je la sentais. Sans dire grand'chose, mon maître me donne une bonne tape sur l'épaule et me joue lui-même une nouvelle romance sans paroles. Puis il me propose comme tâche un morceau de Beethoven. Après quelques leçons, il me juge digne d'aborder Bach, et quelques semaines plus tard, il m'annonce qu'après ma confirmation je pourrai prendre des leçons d'orgue au grand et bel instrument de l'église Saint-Étienne. Enfin se réalisait mon secret désir, caressé de tout temps. J'avais dans le sang la passion de l'orgue. Mon grand-père maternel, le pasteur Schillinger, de Muhlbach, s'était beaucoup occupé du jeu et de la construction des orgues ; c'était la première chose qu'il visitait dans une ville. Il passa des journées entières sur la tribune de la collégiale de Lucerne à suivre la construction des orgues, chef-d'œuvre du célèbre facteur Haas. On dit qu'il improvisait à ravir. Mon père aussi possédait ce don. Tout enfant, je l'écoutais jouer d'inspiration, au crépuscule, sur le vieux piano carré que lui avait légué le grand-père Schillinger. Il ne goûta jamais la musique de Bach.

Grâce à l'amabilité du père Iltis, qui d'ailleurs était heureux de trouver un remplaçant, je pus, tout jeune, me mettre à l'orgue de Gunsbach. A neuf ans, je le remplaçais pendant le culte. Et voici qu'à l'âge de quinze ans, on me permettait d'étudier méthodiquement le jeu des pédales sur un orgue à trois claviers et soixante-deux jeux, sous la direction d'un organiste de premier ordre comme Eugène Münch ! Je pouvais à peine croire à mon bonheur.

A seize ans, mon maître me permit de le remplacer pendant le service divin. Peu de temps après, je tins pour la première fois les orgues dans un concert. Eugène Münch me confia l'accompagnement du Requiem de Brahms, qu'il exécutait avec le chœur de la paroisse. Je connus alors le bonheur si souvent goûté depuis d'ouvrir les écluses de l'orgue et de mêler ses flots d'harmonie aux voix de l'orchestre et du chœur.

Malheureusement, depuis la mort d'Eugène Münch, les belles et vénérables orgues de Saint-Étienne, à

Mulhouse, ont été, sous prétexte de restauration, modernisées de façon si barbare que leur timbre merveilleux a disparu.

Pour me préparer à la confirmation, je suivis le catéchisme du vieux pasteur Wennagel. Il m'inspirait un profond respect ; mais selon mon habitude, je restai fermé. Je remplissais mes devoirs de catéchumène avec zèle ; et cependant cet excellent homme n'a jamais vu clair au fond de mon cœur. Si solide que fût son enseignement, il n'apportait jamais de solution aux nombreux problèmes qui s'agitaient en mon âme. Que de questions j'aurais aimé lui poser ! Mais c'était chose défendue.

Sur un point, j'en avais nettement conscience, nous différions, malgré tout mon respect. Il prétendait nous démontrer qu'en face de la foi tout raisonnement devait désarmer. J'étais persuadé, et je le suis encore, que les vérités fondamentales du christianisme doivent se confirmer à la réflexion. Je me disais que l'intelligence nous a été donnée pour saisir toutes les pensées, même les plus sublimes, de la religion. Cette conviction me remplissait de joie.

Vers la fin de l'instruction religieuse, le pasteur Wennagel retenait chaque jour quelques élèves après la leçon pour un entretien particulier. Mon tour venu, il me posa, d'un ton plein de douceur, quelques questions sur mes pensées et mes réflexions à l'approche de la confirmation. Je lui répondis en balbutiant et par des propos évasifs. Malgré mon affection pour lui, il m'était impossible de lui entr'ouvrir mon cœur. Notre entretien se termina sur une note triste. Il me congédia avec froideur. Tout soucieux, le pasteur Wennagel dit à ma tante que la confirmation me laissait indifférent. En réalité, pendant ces semaines-là, j'étais si pénétré de la sainteté du grand acte auquel je me préparais que j'en étais presque malade. La confirmation fut pour moi un événement de suprême importance. Au moment où le cortège des catéchumènes passait de la sacristie dans l'église, Eugène Münch joua sur l'orgue le grand chœur du Messie de Hændel : « Ouvrez tout grands vos cœurs ! » C'était un merveilleux écho aux sentiments de mon âme.

En qualité de vicaire de l'église Saint-Nicolas à Strasbourg, j'ai donné pendant une dizaine d'années l'enseignement religieux préparant à la confirmation. Que de fois, lorsque l'un ou l'autre de mes garçons me paraissait indifférent, j'ai pensé à mon cher pasteur Wennagel et à moi-même ! Que de fois me suis-je redit qu'il se passe dans le cœur d'un enfant beaucoup plus de choses qu'il n'en laisse deviner ! Aussi je veillais à fournir à mes catéchumènes l'occasion de s'ouvrir à moi de leurs pensées. Deux ou trois fois par mois, je consacrais une partie de la leçon à examiner leurs questions.

* * *

Les premières années de mon séjour à Mulhouse, j'eus une intense nostalgie de l'église de Gunsbach! C'était une douloureuse privation de ne plus entendre les sermons de mon père, de ne plus me sentir dans l'atmosphère de ce culte simple auquel j'étais habitué depuis mon enfance.

Les sermons de mon père faisaient sur moi une impression profonde. Je voyais combien il y mettait des événements de sa vie ; je me rendais compte combien il lui fallait d'efforts, de combats même pour livrer chaque dimanche à son auditoire son être intime. Je me souviens nettement de tels de ses sermons que j'ai entendus comme gamin.

Je préférais le service du dimanche après-midi et je le manquais bien rarement quand j'étais à Gunsbach. Dans ces méditations on appréciait à sa valeur la simplicité de mon père. Et la mélancolie du dimanche finissant donnait à ces cultes un cachet particulier.

Les services religieux auxquels j'assistai dans mon enfance m'ont donné le sens de la solennité et le besoin de calme et de recueillement que j'ai gardés toute la vie et sans lesquels l'existence me paraîtrait vide. Aussi je ne saurais partager l'opinion de ceux qui veulent exclure les enfants des exercices religieux des adultes jusqu'au temps où ils en comprendront la signification. Il ne s'agit nullement de comprendre, mais de sentir ce qui est solennel. Voir le recueillement des adultes, en être ému, voilà ce qui importe à l'enfant.

C'est aussi dans ce service de l'après-midi qu'est

né mon intérêt pour l'œuvre des missions. Mon père y consacrait une prédication par mois et nous entretenait de la vie et de l'œuvre des missionnaires. Il nous donna une série d'études sur l'apôtre des Basoutos, Casalis, dont il avait à cet effet traduit les mémoires ; ils me firent grande impression.

Outre Casalis, c'est le sculpteur Bartholdi, originaire de Colmar et auteur de la statue de la Liberté à New-York, qui dirigea mes rêves d'enfant vers les horizons lointains. Sur son monument en l'honneur de l'amiral Bruat, érigé sur le Champ-de-Mars de Colmar, il a sculpté dans la pierre un nègre qui est bien l'une des plus émouvantes créations de son ciseau : une figure herculéenne, au visage triste et méditatif. J'étais tout préoccupé de ce nègre. Toutes les fois que nous allions à Colmar, je cherchais l'occasion de le contempler. Son front me parlait des souffrances du continent noir. C'est un pèlerinage que je ne manque jamais quand je vais à Colmar.

Dans ma nostalgie des dimanches de Gunsbach, le regret du lieu de culte entrait pour une part. Si belle que fût l'église récemment bâtie de Mulhouse, elle me paraissait bien froide de n'avoir pas d'abside. A Gunsbach, ma rêverie méditative se perdait volontiers dans le chœur catholique. En effet, notre église servait aux deux confessions.

Lorsque, sous Louis XIV, l'Alsace devint française, le roi décréta, pour opprimer les protestants, que dans les villages protestants comptant au moins sept foyers catholiques, le chœur leur serait réservé. Tous les dimanches l'église devait être à leur disposition à certaines heures pour célébrer la messe. De là vient que bon nombre d'églises alsaciennes étaient à la fois protestantes et catholiques. Au cours des quatre-vingts dernières années, leur nombre a notablement diminué, parce que certaines communes ont bâti pour les catholiques une église spéciale. A Gunsbach et en d'autres villages, l'église unique reste affectée aux deux cultes.

Le chœur catholique que j'avais sous les yeux me semblait le comble de la magnificence. L'autel tout brillant d'or et orné de gros bouquets de fleurs artificielles ; les grands candélabres en métal, surmontés de cierges majestueux ; adossées au mur au-dessus de l'autel, entre les deux fenêtres, deux statues dorées qui, à mon sens, représentaient Joseph et Marie ; tout cela baigné des rayons qui pénétraient par les fenêtres du chœur, exaltait mon imagination d'enfant. Puis, à travers les vitraux, les yeux se portaient sur les arbres, les toits, les nuages, le ciel, sur tout un monde qui prolongeait le chœur de l'église à des distances illimitées et les transfiguraient. Ainsi mon regard passait du monde fini au monde infini. Le calme et la paix berçaient mon âme.

Ces souvenirs de jeunesse m'empêchent d'éprouver grande sympathie pour les tentatives de créer un type d'église protestante. Je ressens une vraie tristesse à voir les édifices où des architectes modernes ont prétendu réaliser l'idéal du « lieu de prédication ». Non, l'église est plus qu'un local où l'on va entendre un sermon. C'est un lieu de recueillement, et les dispositions architecturales doivent tendre à ce but. Elles n'y atteignent pas si le regard se heurte de tous côtés à des murailles. L'œil a besoin de lointains mystérieux où l'on passe peu à peu du spectacle extérieur à la contemplation intérieure. Le chœur n'est donc pas un aménagement propre au catholicisme ; il est essentiel à l'église. Puisque, par nature, le service protestant est d'une simplicité un peu froide, il faut que l'architecture se garde d'accuser cette froideur. Le lieu de culte doit compléter le culte même, et de concert avec la parole, le chant et la prière, contribuer à élever l'âme.

L'église fraternellement employée par catholiques et protestants m'a enseigné autre chose encore : la tolérance. Ce partage voulu par la volonté autocratique du Grand Roi est pour moi mieux qu'un événement historique. J'y vois un symbole de la future entente fraternelle entre les différentes confessions. Mon cœur d'enfant déjà trouvait beau que, dans notre village, catholiques et protestants célébrassent leur culte dans la même église. Et maintenant encore, je me sens pénétré de joie à chaque fois que j'en franchis le seuil. Je souhaiterais que toutes les églises d'Alsace communes aux deux confessions demeurent telles, comme un gage, pour l'avenir, de la concorde religieuse à laquelle nos espoirs doivent tendre, si nous sommes de vrais chrétiens.

Les difficultés résultant d'une possession commune de l'église s'aplanissent aisément à la satisfaction des deux parties ; il suffit d'un peu de bonne volonté réciproque, comme le prouvent les expériences faites en Alsace. Sans doute, si pasteur et curé ont tous deux la tête près du bonnet, ce partage, loin d'amener la concorde, peut provoquer des conflits. Ainsi, au dix-huitième siècle, dans un village de la Basse-Alsace, on vit, le lundi de Pentecôte, le pasteur prêcher en chaire pendant que le curé disait la messe à l'autel. Ils n'avaient pu s'entendre sur les heures de leurs services respectifs.

L'autel dont les splendeurs et l'or m'avaient autrefois ravi n'est plus. Sur l'initiative d'un curé de Munster, soi-disant connaisseur en matière d'art, il a dû céder la place à un autel de grand style. Marie et Joseph ne se dressent plus dans une auréole de lumière entre les deux fenêtres ; ils ne regardent plus comme autrefois l'assemblée pour la bénir. Adossés aux parois du chœur, ils se contemplent l'un l'autre. Marie n'est plus la belle dame resplendissante d'or ; pour obéir aux exigences du style moderne, elle s'est vêtue de rouge, de vert et de bleu.

Lorsque je reviens dans l'église de Gunsbach, je ferme les yeux pour que ressuscite le chœur dans la magnificence et la simplicité qui enchantèrent ma jeunesse. Mon regard, tourné vers le passé, voit surgir dans le sanctuaire les êtres aimés qui le peuplaient jadis et n'y sont plus parce qu'on les a portés au cimetière. Le souvenir des morts qui priaient ici avec moi, me cause une indicible émotion, lorsque je participe au culte dans l'église de mon village. Je les revois assis, les hommes, tous habillés de noir, les femmes vêtues du simple et antique costume de la vallée de Munster. Combien ils étaient plus solennels, en leur vêtement, en leur attitude, en leurs manières que nous autres de la nouvelle génération !

L'un de ces vieillards, du nom de Mitschi, était si sourd qu'il ne comprenait pas un mot du sermon. Tous les dimanches, il occupait sa place. Un jour que mon père le plaignait d'être réduit à assister au culte sans rien entendre, il sourit et, hochant la tête, lui dit : « Communion des Saints, Monsieur le pasteur, communion des Saints ! »

* * *

Après avoir secoué ma torpeur, grâce à M. Wehmann, je restai bon élève, sans pour cela briller jamais au premier rang. Je n'avais de disposition particulière que pour l'histoire. En langues et en mathématiques, je ne réussissais qu'autant que je m'appliquais. L'histoire me valait des succès sans grand effort. Ma rage de lecture qui s'était, avec le temps, concentrée sur les ouvrages historiques, me rendit de grands services. Pour mon bonheur, le professeur d'histoire, M. Kaufmann, était un spécialiste renommé. Dans les classes supérieures, il me traita en ami plutôt qu'en élève. Jusqu'à sa mort je suis resté en relations avec lui.

Les sciences naturelles me captivaient autant que l'histoire. Notre professeur, M. Fœrster, était un maître de premier ordre. Il est vrai qu'en physique et en chimie, il n'était pas particulièrement éminent. Sa spécialité était la géologie. On lui accorda, à une certaine époque, un congé prolongé pour faire des recherches géologiques, à Sumatra, si je ne me trompe.

Quand il développait au tableau noir des formules de chimie ou de physique, on s'apercevait sans peine qu'il les avait lui-même apprises pour la leçon. Mais cela ne diminuait en rien son autorité. Son enseignement était bon, parce que bien préparé. Malheureusement, en ce temps-là, le nombre des heures affectées aux sciences naturelles était beaucoup trop réduit.

L'histoire naturelle me passionnait et excitait ma réflexion ; je ne pouvais me défaire de l'idée qu'on nous disait trop peu combien les phénomènes naturels dépassent la portée de notre compréhension. J'avais en horreur les manuels de sciences naturelles. Leurs affirmations présomptueuses et assurées, rédigées pour être apprises par cœur (et qui d'ailleurs retardaient quelque peu, comme je le remarquai bien vite), ne me satisfaisaient nullement. Il me paraissait ridicule qu'on prétendait avoir trouvé l'explication entièrement satisfaisante du vent, de la pluie, de la grêle, de la formation des nuages, de l'inflammation spontanée du foin, des vents alizés, du Gulf-Stream, de la foudre et du tonnerre. De tout temps, la formation de la goutte de pluie, du flocon de neige, des grêlons, a été pour moi une énigme. Je ressentais comme une offense qu'on se refusât à reconnaître le mystère absolu de la nature et qu'on eût la hardiesse de nommer explication ce qui n'est que description plus pénétrante, et ne fait que rendre le mystérieux plus mystérieux encore. Je voyais clairement que ce que nous appelons « force » ou « vie » restera, au fond, toujours inexplicable.

Je m'enfonçai donc dans de nouvelles rêveries sur les mille prodiges qui nous environnent. Différentes de mes anciennes songeries sans objet, elles ne faisaient pas tort à mon travail scolaire. Elles m'occupent encore à mon âge et ne font que grandir. A table, quand je vois chatoyer dans une carafe l'arc-en-ciel d'un rayon de lumière, je suis capable de tout oublier. Je ne puis m'arracher à ce spectacle.

Ainsi marchaient de pair mon amour pour l'histoire et mon intérêt pour les sciences naturelles. Peu à peu je reconnus que les événements historiques mêmes sont pleins d'énigmes et qu'il nous faudra toujours renoncer à comprendre exactement le passé. Dans ce domaine encore, notre pouvoir se borne à une description plus pénétrante des événements.

De la première à la dernière année de mes études, ce me fut une torture d'entendre commenter les morceaux de poésie. La prétention de me faire goûter une poésie par une explication me paraissait un sacrilège doublé d'une absurdité. Tout le bavardage qu'on y ajoutait ne faisait que détruire l'émotion suscitée en moi par l'œuvre du poète. Aujourd'hui comme jadis, je pense qu'un poème ne supporte aucun commentaire. Il faut le sentir et le vivre. Dans ces leçons-là, j'étais un élève inattentif, pour ne pas dire rebelle. Au lieu de suivre, je feuilletais mon livre et, sans direction, je m'enivrais de morceaux de prose ou de poésie qui m'attiraient spécialement et que je savourais peut-être pour la centième fois. C'était comme si j'avais fermé les volets au bruit de la rue.

L'Iliade d'Homère me laissa froid. On acheva de m'en dégoûter par d'incessantes questions sur les parents, grands-parents, oncles, tantes et cousins des héros, dieux et déesses. Généalogies et parentages n'ont jamais été mon fait.

Par contre, j'ai appris de plus en plus à goûter et à admirer l'Odyssée. Je la considère comme un des plus grands chefs-d'œuvre littéraires par sa structure, par l'art qui se manifeste dans la grandiose simplicité des descriptions et des récits et par les réflexions et les pensées dont elle est parsemée.

Chapitre VI

L'ÂGE INGRAT

Entre quatorze et seize ans je passai par une phase pénible. Je me rendis insupportable à tout mon entourage et spécialement à mon père par ma manie de discuter. Je ne pouvais rencontrer quelqu'un sans traiter avec lui les questions du jour en un examen approfondi et raisonné et sans m'attacher à démasquer les erreurs de l'opinion et à faire triompher le vrai. La joie de rechercher la vérité et la raison me tournait la tête. Tout entretien devait aller au fond des choses. Sortant de la réserve où je m'étais jusqu'alors confiné, je devins le trouble-fête de toute conversation où l'on ne cherchait que délassement. Que de fois, à Mulhouse comme à Gunsbach, l'entretien a pris, à table, par ma faute, une tournure fâcheuse ! Ma tante me taxait d'irrévérence parce que je prétendais discuter avec les adultes comme avec des camarades. Quand nous allions en visite, mon père me faisait promettre de ne pas lui gâter la journée par quelque sotte intervention dans la conversation.

En réalité j'étais aussi insupportable que peut l'être un jeune homme à peu près bien élevé. Ce n'était pas simple manie d'ergoter. J'étais dominé par le besoin passionné de réfléchir et de rechercher par la discussion la vérité et les solutions rationnelles en toute chose. L'esprit rationaliste du grand-père Schillinger s'était réveillé. La conviction que le progrès n'est possible qu'en substituant la raison aux opinions reçues et aux idées creuses, s'était emparée de mon esprit et se manifestait de turbulente et désagréable façon.

Après cette fermentation tumultueuse, le vin se clarifia. Je suis resté ce qu'alors je devins. Je sentis nettement que ce serait me trahir moi-même que de renoncer à m'enthousiasmer pour tout ce que mes réflexions auraient reconnu vrai et rationnel. Sur ce point, je suis encore le raisonneur intraitable d'autrefois, à cette différence près que je cherche, dans la mesure du possible, à concilier ma passion avec les égards dus aux autres, afin de ne pas les importuner. Je me suis plié à prendre part à des conversations qui ne sont que bavardages, et à écouter, sans m'insurger, débiter des idées creuses. Ma réserve innée m'a aidé à revenir aux manières imposées par la civilité.

Mais que de fois je sens gronder une révolte intérieure ! Combien je souffre de nous voir, nous autres hommes, perdre notre temps en propos futiles au lieu de nous entretenir sérieusement de choses sérieuses et de nous montrer ce que nous sommes, des êtres pleins d'aspirations, de douleurs, d'espoirs et de foi ! Notre masque de civilité me paraît presque criminel, et je me demande souvent jusqu'à quel point le respect des convenances ne porte pas préjudice à la véracité.

Lorsque je rencontre des hommes auxquels je puis dévoiler le fond de ma pensée, j'éprouve une joie indicible. Je me crois revenu au beau temps de ma jeunesse. Si mon interlocuteur est un jeune esprit sérieux, avide de discussion, je me prête avec joie à une passe d'armes, faisant peu de cas de la différence d'âge.

* * *

Au lycée, l'homme qui me fit l'impression la plus profonde fut le directeur, M. Wilhelm Deecke. Il arrivait à Mulhouse comme j'entrais dans les classes supérieures. Ses manières un peu compassées (il était de Lübeck) nous déconcertèrent d'abord un peu ; mais nous ne tardâmes pas à nous y habituer.

Deecke était un pédagogue de premier ordre, un philologue d'une culture universelle et une âme profonde. Nous sentions qu'il ne cherchait pas seulement à nous bourrer de connaissances, mais à faire de nous des hommes. Nous savions vaguement que sa franchise lui avait attiré la défaveur du Statthalter, le général von Manteuffel, et que sa situation en avait pâti. Sa nomination à Mulhouse équivalait à un exil. Sa belle humeur qui ne se démentait jamais, son enseignement où il se dépensait tout entier, bien que son esprit fût plein de préoccupations plus élevées, tout cela nous remplissait d'admiration. Nous le tenions pour un stoïcien antique sous des habits modernes. De le savoir lié avec le poète Geibel, l'historien Mommsen et d'autres célébrités, de savoir qu'il faisait autorité en épigraphie hellénique et en antiquités étrusques rehaussait encore son prestige à nos yeux. Il assaisonnait son enseignement de digressions qui nous ouvraient des vues sur tous les objets possibles et sur toutes les questions se rattachant de près ou de loin à la leçon du jour. Je n'oublierai jamais les heures où il expliquait Platon et où il trouvait l'occasion de nous familiariser avec la philosophie en général. Sa préférence allait à Schopenhauer.

Peu de temps après notre départ du lycée, juste au moment où l'on se disposait à lui rendre justice, il mourut d'un cancer de l'estomac.

* * *

Une ombre plana longtemps sur ma jeunesse par ailleurs si ensoleillée. Il y avait cinq enfants au presbytère de Gunsbach, et les soucis d'argent n'y manquaient pas. Ma mère économisait par tous les bouts. Moi-même, à Mulhouse, je mettais mon amour-propre à réduire autant que possible mes dépenses. Un jour d'automne, ma mère exprima l'avis que mon complet d'hiver était sans doute devenu trop petit et qu'il m'en fallait un neuf. Je refusai sa proposition. En réalité, il n'était plus mettable, et tout l'hiver, je portai mon costume d'été en gabardine jaune. Ma tante me laissa faire ; elle préconisait la méthode spartiate. Mais il était dur à ma vanité juvénile d'être classé par mes condisciples parmi les crève-faim et les miséreux, et je ne le supportais que pour épargner du souci à ma mère.

Pour économiser (elle m'en a fait la confidence plus tard), ma mère remplaçait, pour la cuisine, le beurre par la graisse végétale. Ce produit ne se préparait pas, dans les années quatre-vingts, par des procédés aussi parfaits que de nos jours ; il laissait un arrière-goût souvent très désagréable. C'est à l'emploi de cette graisse végétale que ma mère attribuait les maux d'estomac dont mon père souffrait à cette époque. Une crise de rhumatisme articulaire, due à un lit humide où il avait couché à Strasbourg, aggrava son état de santé. Des semaines et des mois de tristesse s'abattirent sur notre maison. Les yeux rougis de ma mère, à cette époque, resteront à jamais dans ma mémoire.

A l'époque de ma confirmation, la santé de mon père commença à s'améliorer. Il le dut, pour une bonne part, au fait que nous échangeâmes le vieux presbytère humide et entouré de constructions contre une nouvelle demeure donnant sur un jardin ensoleillé. La maison, dans laquelle nous emménageâmes vers 1890, avait été léguée à la paroisse, pour servir de presbytère, par M. Adolphe Muller. Fils d'un ancien pasteur de Gunsbach, il s'était, après une belle carrière d'ingénieur, retiré dans son village natal et avait aménagé cette vieille bâtisse d'une façon moderne et très pratique. Pendant la guerre, les caves, datant du commencement du XIXe siècle, et bâties en grosse maçonnerie, servaient de refuge contre les obus à tout le voisinage.

Avec les années, la santé de mon père se raffermit de plus en plus. A l'âge de soixante-dix ans, pendant la guerre, il vaquait à son ministère sous le feu de l'artillerie, et à l'heure qu'il est, tout près des quatre-vingts ans, il remplit encore ses fonctions de pasteur. Il y a près de cinquante ans qu'il est à Gunsbach. Ma mère fut renversée, pendant la guerre, par des chevaux de cavalerie, sur la route de Gunsbach à Wihr-au-Val et tuée sur le coup.

Nos soucis d'argent devinrent avec le temps moins pressants. Une parente éloignée et sans enfants, Mme Fabian, de Wasselonne, nous laissa sa petite fortune.

De la sorte, pendant les dernières années que je passai au lycée, le plein soleil revint éclairer la maison paternelle. Nous étions tous en bonne santé et la concorde régnait entre nous. Les rapports entre parents et enfants étaient des meilleurs, grâce à la compréhension que nos parents nous témoignaient en tout, même en nos sottises. Ils nous élevaient pour la liberté. Jamais, depuis que j'avais renoncé à ma manie de discuter, on ne sentit dans notre maison, entre père et fils adulte, cette tension qui trouble le bonheur de tant de familles. Mon père était mon meilleur ami.

Nous apprécions comme une bonté spéciale de nos parents la permission d'emmener en vacances nos amis d'école jusqu'à ce que la maison fût bondée. Comment ma mère faisait pour venir à bout de tout ce travail supplémentaire, je me le demande encore.

Ma jeunesse fut donc particulièrement heureuse. Cette pensée ne cessait de m'occuper. Je me sentais écrasé sous le poids de ce bonheur, et je me demandais si j'avais le droit d'accepter ce don comme tout naturel.

Le droit au bonheur, voilà le problème qui, pour ma vie intérieure, devint un événement aussi important que l'avait été dès mon enfance la compassion pour toutes les souffrances qui règnent dans le monde. Par leurs réactions réciproques, ce sentiment et cette question déterminèrent ma conception de la vie et fixèrent ma destinée.

De plus en plus, je me rendis compte que je n'avais pas le droit d'accepter le bonheur de ma jeunesse, ma santé, ma faculté de travail comme des dons gratuits. La conscience intense de mes privilèges me fit comprendre toujours plus clairement cette parole de Jésus, que nous n'avons pas le droit de garder notre vie pour nous. Celui qui a été comblé de bienfaits par la vie, est tenu d'en répandre à son tour et dans la même mesure. Celui qui a été épargné par la souffrance doit contribuer à diminuer celle d'autrui. Tous, tant que nous sommes, nous avons à assumer une part du fardeau de douleur qui pèse sur le monde.

Cette idée fermentait en moi, vague et confuse. Parfois elle m'abandonnait pour un temps. Je me sentais tout allégé, comme si j'étais redevenu le seul maître de ma vie. Ainsi apparaît à l'horizon un petit nuage ; on peut en détourner la vue par instants. Mais lentement, irrésistiblement, il grossit et enfin il couvre le ciel entier.

La décision intervint quand j'avais vingt et un ans ; j'étais encore étudiant. Pendant le congé de la Pentecôte je pris la résolution de me consacrer jusqu'à trente ans à la théologie, à la science et à la musique. Quand j'aurais accompli dans ces domaines la tâche que je m'imposais, je changerais de route pour me mettre au service direct de l'humanité. Quelle serait cette route nouvelle? Je comptais sur les circonstances pour me l'indiquer.

L'idée de me consacrer à une œuvre médicale de secours aux colonies ne fut pas la première qui se présenta à mon esprit. Elle ne surgit qu'après des projets d'un autre genre que j'abandonnai pour diverses raisons. Un enchaînement de circonstances m'orienta vers l'Afrique équatoriale, le pays de la lèpre et de la maladie du sommeil.

* * *

Lorsque, à l'âge de dix-huit ans, je me préparais au baccalauréat (c'était en 1893), je ne sentais que très vaguement les idées qui s'agitaient en moi et auxquelles je devrais un jour conformer ma vie. Je ne songeais qu'à l'avenir tout prochain et voyais venir avec joie les années d'études universitaires. Ne doutant de rien, je résolus de mener de front la théologie, la philosophie et la musique. Ma robuste constitution, qui me permettait de travailler la nuit, me facilitait l'exécution de ce programme. Toutefois ce fut bien plus difficile que je n'avais pensé.

Je réussis le baccalauréat de façon satisfaisante, moins bien, cependant, qu'on ne s'y attendait. La faute en fut au pantalon que je portais ce jour-là.

C'était la coutume de se présenter aux examens oraux en habits noirs. Je possédais bien une redingote, legs d'un vieux parent de ma mère, mais pas de pantalon noir. Par économie, je ne voulais pas m'en faire faire, et je demandai à mon oncle Louis de me prêter le sien. Or l'oncle était petit et obèse, le neveu, long et maigre. Mais nous pensions que pour une fois cela pourrait aller.

Malheureusement, je négligeai d'essayer le pantalon. Lorsque je l'enfilai, le matin de l'examen, il me descendait à peine aux souliers, bien que j'eusse allongé mes bretelles avec de la ficelle. Une longue bande de chemise apparaissait entre le pantalon et le gilet. De dos... je renonce à décrire comment il m'allait.

Mon apparition provoqua une hilarité folle parmi mes camarades. On me tourne et me retourne. Notre entrée dans la salle d'examen manque de solennité, car nous n'arrivons pas à réprimer notre fou-rire.

Lorsque les professeurs assis à la table du jury aperçoivent mon pantalon, c'est à leur tour de s'amuser. Seul, le sévère inspecteur général de Strasbourg, Monsieur Albrecht, qui préside la séance, ne remarque pas de quoi il s'agit. Il voit seulement que je suis la cause de cette hilarité intempestive et s'exprime en termes sévères sur notre irrévérence en général et sur la mienne en particulier. Me prenant pour un mauvais plaisant, et se promettant bien de modérer ma folle humeur, il entreprend de m'examiner lui-même dans toutes les matières, sauf en mathématiques, où, chose notoire, il n'entendait goutte. Il me harcèle. Encouragé par les regards bienveillants de notre directeur, je fais aussi bonne contenance que possible. Mais mainte question de mon redoutable juge reste sans réponse : ce sont à chaque fois des hochements de tête désapprobateurs auxquels je dois bien me résigner.

L'inspecteur général se montre très indigné que je ne puisse exactement lui décrire le camp des Grecs devant Troie d'après Homère. Comme les autres candidats n'en savent guère plus long que moi sur ce sujet, il fait une véhémente sortie sur notre manque de culture. Quant à moi, je regarde comme une plus regrettable lacune notre ignorance complète en cosmographie et en géologie au moment de quitter le lycée !

Enfin, c'est le tour de l'histoire, spécialité de Monsieur l'inspecteur général. En dix minutes, il est complètement retourné. Sa colère tombe. Il ne m'examine plus, mais s'entretient avec moi des entreprises coloniales des Grecs et des Romains et de leurs différences.

Dans son allocution finale, après la proclamation des résultats, il redit encore la joie que lui ont causé mes réponses en histoire. Sur sa proposition, une note élogieuse à ce sujet est insérée dans mon diplôme de bachelier, assez médiocre pour le reste. Ainsi tout se termine à la satisfaction générale.

J'eus le cœur bien gros en me séparant de mon oncle et de ma tante. Ils vécurent encore plusieurs années, assez longtemps pour que je puisse leur témoigner ma profonde affection. Lorsque mon oncle dut résigner ses fonctions à Mulhouse, pour raison d'âge, ils se retirèrent à Strasbourg. C'est là qu'ils reposent, au cimetière de Saint-Gall, dans la même enceinte que mon oncle Schillinger, le pasteur de Saint-Nicolas.

Chapitre VII

COUP D'ŒIL RÉTROSPECTIF

REPORTANT mon regard sur ma jeunesse, je me sens ému à la pensée du nombre considérable de personnes à qui je dois de la gratitude pour tout ce qu'elles ont été pour moi et tout ce qu'elles m'ont donné. Mais en même temps, je suis accablé par le sentiment de n'avoir pas, dans ma jeunesse, exprimé ma reconnaissance comme j'aurais dû. Combien de mes bienfaiteurs sont morts sans que je leur aie jamais dit mes sentiments à leur égard. Que de fois, méditant près de leurs tombes, j'ai dit tout bas aux morts les paroles que mes lèvres devaient aux vivants !

Et pourtant je puis affirmer que je n'étais pas ingrat. Je me suis réveillé à temps de mon inconscience juvénile où j'acceptais comme naturelles la bonté et l'indulgence qu'on me témoignait. Ce réveil s'est produit en moi à l'époque même où je commençais à m'émouvoir des souffrances universelles. Mais jusqu'à vingt ans, et même au delà, je me suis trop peu astreint à manifester ma reconnaissance. Je ne me rendais pas suffisamment compte combien il est précieux à un homme de recevoir des preuves de gratitude. Souvent aussi je me laissais retenir par la timidité.

Cette expérience personnelle me fait croire que l'ingratitude n'est pas aussi répandue dans le monde qu'on le pense communément. Et je n'interprète pas, dans l'Evangile, l'histoire des Dix lépreux dans le sens qu'un seul ait été reconnaissant. Je crois qu'ils l'étaient tous les dix. Mais neuf commencèrent par rentrer chez eux, pour revoir leur famille et s'occuper de leurs affaires, se promettant bien d'aller tôt après retrouver Jésus et lui dire merci. Seulement ils ne l'ont pas pu. Ils furent retenus chez eux plus longtemps qu'ils n'avaient pensé et sur ces entrefaites Jésus fut mis à mort. Un seul possédait le don d'obéir à son sentiment spontané. Sans attendre, il alla trouver son bienfaiteur et le réconforta par sa reconnaissance.

Travaillons à devenir spontanés et à transformer notre gratitude muette en gratitude manifeste. Le monde connaîtra plus de joie ensoleillée, plus de force pour le bien. Que chacun, dans sa conception de la vie, se garde d'accueillir les adages amers sur l'ingratitude du monde. Il coule sous le sol quantité d'eau qui ne jaillit pas en source. Voilà qui donne à penser ! Il nous appartient à nous de devenir les eaux vives qui trouvent leur chemin vers la surface, les fontaines où se désaltéreront les âmes avides de reconnaissance.

Un autre sentiment encore s'empare de moi à mes souvenirs de jeunesse : tant de ceux qui furent mes bienfaiteurs ou exercèrent sur moi une influence l'ont fait à leur insu. Des gens avec qui je n'ai jamais échangé une parole, que je ne connaissais même que par ouï-dire, ont agi sur moi de façon déterminante. Ils sont entrés dans ma vie et sont devenus des forces en moi. Bien des sentiments que je n'aurais pas éprouvés avec la même intensité, bien des actes que je n'aurais pas faits avec la même décision, je les éprouve ou les exécute comme sous l'impulsion d'autrui. Aussi ne puis-je m'empêcher de penser que notre vie intérieure puise à ce que certains hommes nous ont donné en des heures décisives. Ces heures ne s'annoncent pas ; elles viennent inopinées, sans apparat. Souvent même elles ne deviennent importantes que dans la mémoire, comme ne se révèle parfois la beauté de telle page de musique ou de tel paysage que dans le souvenir. Beaucoup de nos qualités, douceur, humilité, bonté, miséricorde, véracité, fidélité, résignation dans la souffrance, nous les devons à des hommes qui nous en ont donné l'exemple en des circonstances tantôt graves, tantôt banales. Comme une étincelle, leur acte a rejailli sur notre cœur et l'a enflammé.

Je ne crois pas qu'on puisse introduire dans l'âme d'un homme des pensées qui n'y sont pas déjà virtuellement. En général la disposition au bien y est comme une matière inflammable. Mais elle ne prend feu ou ne s'embrase bien que grâce à la flamme ou à l'étincelle venue du dehors, propagée par un autre homme. Il arrive aussi que notre lumignon, sur le point de s'éteindre, est ravivé par l'action d'autrui.

Nous sommes donc tous redevables à ceux qui ont allumé un flambeau en nous. Si nous les avions là, ces bons génies, si nous pouvions leur raconter quand et comment ils ont été des instigateurs, ils seraient bien étonnés d'apprendre tout ce qui de leur vie a passé dans la nôtre.

De même aucun de nous ne se doute de l'action qu'il exerce sur autrui et de ce qu'il donne. C'est un mystère pour nous, et il doit le rester. Parfois il nous est permis de l'entrevoir pour que nous ne nous découragions pas. L'action de la force est mystérieuse.

Et n'existe-t-il pas dans nos rapports d'homme à homme une part de mystère beaucoup plus grande qu'on ne l'admet? Personne ne peut prétendre connaître son prochain à fond, vécût-il avec lui depuis des années en commerce journalier. De notre vie intérieure, nous ne pouvons communiquer que des fragments, même à nos amis les plus intimes. Nous ne saurions la révéler entière, pas plus que les autres ne sauraient la comprendre. Nous cheminons côte à côte dans une demi-obscurité où l'on ne distingue pas nettement les traits de l'autre. De temps à autre seulement, lors d'un événement qui nous touche tous deux ou à propos d'un mot échangé, notre compagnon nous apparaît, tel qu'il est, éclairé par une lueur soudaine. Ensuite nous poursuivons notre route côte à côte dans l'obscurité, et nous cherchons en vain à nous représenter ses traits.

Oui, nous sommes un mystère les uns pour les autres, il faut nous y résigner. On se connaît, non pas quand on sait tout l'un de l'autre, mais quand on a de l'amour, de la confiance, de la foi en son compagnon de route. Il ne faut pas vouloir violer l'âme d'autrui. Analyser son prochain, à moins que ce ne soit pour remédier au trouble mental de certains malades, est un manque de délicatesse. Il y a aussi une pudeur spirituelle : l'âme a des voiles dont il ne faut pas la dépouiller. Personne n'a le droit de dire à son prochain : « A cause de nos relations, j'ai le droit de connaître toutes tes pensées ». Même la mère n'est pas autorisée à prendre cette attitude vis-à-vis de son enfant. Toute exigence de cette sorte est peu sage et conduit aux pires malentendus. C'est le don de soi qui éveille les âmes. Donne à tes compagnons de route tout ce que tu peux de ta vie intérieure, et reçois comme un don précieux tout ce qu'ils te rendront d'eux-mêmes.

Peu communicatif de nature, j'ai dès ma jeunesse considéré comme naturel le respect pour la vie intérieure d'autrui. Je me suis confirmé en cette attitude en constatant les souffrances morales et l'éloignement qui résultent de la prétention de certaines gens de lire dans l'âme de leur prochain comme dans un livre qui leur appartient. On veut tout savoir et tout comprendre, alors qu'on devrait croire à autrui. Gardons-nous de reprocher à ceux que nous aimons leur manque de confiance, s'ils ne nous laissent pas toujours jeter un regard dans tous les replis de leur cœur.

On peut presque dire que plus nous nous connaissons de près, plus nous nous apparaissons mystérieux les uns aux autres. Seul celui qui respecte la vie intérieure d'autrui, peut réellement agir sur lui.

Aussi je suis d'avis que personne ne doit se contraindre à livrer de sa vie intérieure plus qu'il ne le juge à propos. Tout ce que nous pouvons, c'est laisser les autres nous deviner comme nous les devinons. L'essentiel est de nous efforcer d'avoir en nous une lumière. Cet effort est senti par les autres, et quand un homme a la lumière intérieure, la clarté s'en répand au dehors. Alors nous nous connaissons vraiment les uns les autres, malgré l'obscurité de notre chemin, sans qu'il soit besoin de porter sur le visage et jusqu'au cœur d'autrui une main sacrilège.

* * *

Si, dès ma jeunesse, le respect de la personnalité d'autrui m'a paru tout naturel, en revanche, je me suis longtemps demandé jusqu'à quel point, dans nos rapports habituels, nous devons montrer de la réserve, et dans quelle mesure nous pouvons nous donner spontanément. J'hésitais entre les deux attitudes. Jusque dans les dernières années du lycée, je penchais pour la réserve. Ma timidité m'empêchait de manifester aux autres tout l'intérêt que je prenais à leur vie, et de leur offrir autant d'aide et de services que je m'y sentais poussé. Cette attitude était confirmée par l'éducation de ma tante. Elle m'inculquait la réserve comme le résumé de la bonne éducation. Elle me recommandait de considérer l'empressement et la précipitation comme un défaut capital, et je suivais consciencieusement ses conseils.

Avec le temps j'osai m'émanciper quelque peu de ces règles. Je les comparais aux lois de l'harmonie, qui ont bien une valeur générale, mais qui souvent sont noyées dans le flot entraînant de la musique. De plus en plus je remarquai tout le bien que nous négligeons de faire, par une observation trop stricte des règles de bienséance que nous impose la vie sociale.

Assurément nous devons nous astreindre à agir avec tact et nous garder de nous mêler sans mandat des affaires d'autrui. Toutefois il ne faut pas méconnaître les dangers de cette réserve dans la vie quotidienne. Il serait impardonnable de nous cantonner vis-à-vis des inconnus dans une indifférence absolue. Nul n'est complètement et pour toujours un étranger pour son semblable. Les hommes sont solidaires et ont des droits les uns sur les autres. Des circonstances, grandes ou petites, surviennent qui annulent la réserve qu'on s'impose dans la vie journalière, et qui placent l'homme en face de l'homme. La loi de la réserve est limitée par celle de la cordialité. Certaines situations nous autorisent à nous départir de notre indifférence et à manifester notre sympathie humaine. Trop souvent nous négligeons ces occasions, parce que les opinions reçues, les règles de la bonne éducation, de la politesse, du tact, ont paralysé notre spontanéité. Dans ce cas, nous refusons à notre prochain ce que nous pourrions lui donner, ce qu'il est avide de recevoir. Que de froideur paralyse nos relations, parce que nous avons peur de nous livrer avec notre cordialité naturelle !

J'ai eu la bonne fortune, dans ma jeunesse, de rencontrer quelques personnes qui, tout en respectant les formes sociales, avaient gardé leur spontanéité. En voyant le bien qu'elles répandaient ainsi, je me suis enhardi à devenir aussi naturel et aussi cordial que mon cœur m'y invitait. Les expériences que j'ai faites dans ce sens m'empêchent de redevenir jamais l'esclave des conventions. Je cherche maintenant à concilier, dans la mesure du possible, la politesse du cœur et la politesse mondaine. J'ignore si j'y réussis toujours. Je ne saurais fixer de règles en ce domaine, pas plus qu'en musique je ne saurais dire les cas où il faut se plier aux lois traditionnelles de l'harmonie et ceux où il est permis de s'abandonner à l'esprit de la musique, supérieur à toute loi. Cependant j'ai toujours constaté qu'en prenant l'avis de son cœur et de sa raison pour se mettre au-dessus des règles conventionnelles, on risque rarement d'être accusé de manque de tact et d'outrecuidance.

* * *

Les idées qui déterminent le caractère et la vie d'un homme existent en lui, de façon mystérieuse, dès sa naissance. Au sortir de l'enfance, elles commencent à bourgeonner. Lorsque naît en son âme l'enthousiasme pour le vrai et le bien, la floraison s'épanouit et les fruits nouent. Dans le développement ultérieur, la grande chose est de conserver le plus possible des fruits que l'arbre promettait au printemps.

Je suis convaincu que notre effort de la vie entière doit viser à conserver à nos pensées et à nos sentiments leur fraîcheur juvénile. Cette conviction fut en tout temps pour moi une source de bons conseils. Instinctivement j'ai toujours veillé à ne pas devenir ce qu'on appelle un homme mûr.

L'expression de « mûr » appliquée à l'homme m'a toujours inspiré et m'inspire encore un vague malaise. Mon oreille y perçoit des dissonances douloureuses ; maturité me semble synonyme d'appauvrissement, de déchéance, d'usure intellectuelle et morale. Le spectacle que nous offre d'ordinaire un homme mûr, c'est une raison faite de désillusions et de résignation. On se modèle l'un sur l'autre en abondonnant l'une après l'autre les pensées et les convictions qui furent chères au temps de la jeunesse. On croyait au triomphe de la vérité ; on n'y croit plus. On avait foi dans les hommes ; on a perdu sa foi. On croyait au bien ; on n'y croit plus. On était zélé défenseur de la justice ; zèle éteint. On avait foi dans la bonté et la tolérance ; on n'y croit plus. On était capable d'enthousiasme : c'est fini. Pour naviguer plus sûrement à travers écueils et tempêtes, on a jeté du lest, on a précipité par-dessus bord des biens dont on jugeait pouvoir se passer ; mais c'étaient les provisions de bouche, la réserve d'eau. On navigue plus léger, mais vers la famine et l'inanition.

Dans ma jeunesse, j'ai entendu, entre adultes, des conversations qui m'étreignaient le cœur d'une indicible tristesse. Ils reconnaissaient dans leur idéalisme d'autrefois et leur capacité d'enthousiasme des biens précieux qu'ils auraient dû conserver. Mais en même temps il leur semblait nécessaire de les avoir abandonnés.

La peur me saisit alors de me voir, un jour, réduit à regarder mon passé avec la même tristesse. Je résolus de ne pas me soumettre à la tragique nécessité de devenir un homme raisonnable. A ce vœu, qui n'était presque que bravade d'adolescent, j'ai essayé de conformer ma vie.

Les adultes se complaisent trop volontiers dans la triste mission de préparer la jeunesse à ne voir qu'illusions dans tout ce qui élève et ensoleille son âme. Une expérience plus profonde de la vie tient un autre langage à l'inexpérience juvénile. Elle la conjure de garder intactes, la vie durant, les idées qui l'enthousiasment. L'idéalisme juvénile a raison, voilà ce que confirme l'homme fait ; c'est un trésor qu'il ne faut échanger contre rien au monde.

Tous, tant que nous sommes, nous pouvons nous

attendre à ce que la vie tente de nous ravir notre enthousiasme et notre foi dans le bien et le vrai. Mais rien ne nous force à les lui sacrifier.

Si l'idéal, dans son conflit avec la réalité, est généralement écrasé, cela ne signifie nullement qu'il doive capituler d'avance, mais bien que notre idéal manque de force, et cela parce qu'il n'est pas pur ni assez fortement enraciné en notre cœur.

La force de l'idéal est incalculable. A regarder une goutte d'eau, on n'y voit trace de force. Mais qu'elle pénètre dans une fissure de rocher et s'y congèle, elle fera sauter le rocher. Que le feu la vaporise, et elle mettra en branle la plus puissante machine. Il s'est opéré en elle un changement qui a activé la force interne.

Il en est de même de l'idéal. Les idéaux sont des pensées ; tant qu'ils restent à l'état de pensées, leur force interne demeure inopérante, même lorsqu'ils sont accompagnés du plus vif enthousiasme et de la plus profonde conviction. Leur force ne devient opérante qu'au moment où ils s'incorporent en un être humain aux sentiments épurés.

La maturité à laquelle nous devons tendre consiste à devenir, au prix d'efforts continus, de plus en plus véridiques, de plus en plus purs, de plus en plus pacifiques, de plus en plus débonnaires, de plus en plus indulgents, de plus en plus miséricordieux. Pour y parvenir, consentons à tous les renoncements. A cette fournaise le fer malléable de l'idéalisme juvénile se change en l'acier inaltérable de l'idéalisme conscient.

La sagesse suprême, c'est de voir clairement la cause des désillusions. Tout événement est le résultat d'une force spirituelle ; assez forte, elle produit le succès ; trop faible, elle cause l'échec. Mon amour est-il impuissant ? C'est qu'il y a encore trop peu d'amour en moi. Suis-je sans force contre la fausseté et le mensonge qui règnent autour de moi ? Cela prouve que je ne suis moi-même pas encore assez véridique. Me faut-il assister aux tristes intrigues de la jalousie et de la malveillance? Cela vient de ce que je ne suis pas encore affranchi de toute petitesse et de toute jalousie. Ma débonnaireté est-elle mal comprise et raillée? Cela signifie qu'il n'y a pas encore assez de débonnaireté en moi.

Le grand secret consiste à traverser la vie avec une âme intacte. Ce secret n'est à la portée que des gens qui, négligeant les hommes et les faits, se replient sur eux-mêmes en toute circonstance et cherchent en eux-mêmes la raison de chaque événement.

Celui qui travaille à son propre perfectionnement ne risque pas de voir s'évanouir son idéalisme. Il voit en lui-même se réaliser la puissance de ces idées-forces : le vrai, le bien. Si les résultats de l'action qu'il voudrait exercer au dehors sont insuffisants à son gré, il n'ignore plus que son action est proportionnée au degré de son perfectionnement intérieur. Seulement, le résultat ne s'est pas encore produit ou manifesté. Si la force existe, elle agit.

Aucun rayon de soleil ne se perd. Mais la verdure qu'il éveille a besoin de temps pour germer, et il n'est pas toujours accordé au semeur de voir la moisson. Toute action féconde est un acte de foi.

L'expérience de la vie que les adultes doivent transmettre aux jeunes ne se formule donc point : « La réalité se chargera bien de ruiner votre idéalisme... » ; mais bien plutôt : « Que votre idéal s'incorpore si bien à vous que la vie ne puisse vous le ravir ! »

Si les hommes devenaient en réalité ce qu'ils sont à quatorze ans en possibilité, que le monde serait différent !

Je suis de ceux qui ont tenté de conserver juvéniles leurs pensées et leurs sentiments, et j'ai lutté contre les démentis de l'expérience pour garder intacte ma foi au bien et au vrai. A notre époque, où la violence, sous le masque du mensonge, occupe, plus menaçante que jamais, le trône du monde, je n'en reste pas moins convaincu que la vérité, l'amour, l'esprit pacifique, la douceur, la bonté sont des forces supérieures à toute force. C'est à elles que le monde appartiendra, pourvu qu'un nombre suffisant d'hommes gardent dans leur âme et pratiquent dans leur vie, avec pureté et constance, l'esprit de charité, de vérité, de paix et de douceur.

Toute violence a en soi sa limite. Car elle enfante la violence contraire qui tôt ou tard l'égalera ou la surpassera. La débonnaireté, au contraire, agit par des moyens simples et continus. Elle n'engendre pas de résistance paralysante. S'il en existe, elle la dissipe, comme elle dissipe méfiances et malentendus. Elle se fortifie elle-même en suscitant la bonté. C'est pourquoi elle constitue la force la plus intense et la mieux appropriée. Toutes les semences de bonté qu'un homme répand dans le monde, lèveront un jour dans le cœur et la pensée des autres hommes. C'est de notre part coupable négligence, que de ne pas oser inaugurer résolument le régime de la bonté. Pauvres fous, nous voudrions soulever la masse pesante sans nous servir du levier qui centuple la force !

Quelle profondeur dans le mot paradoxal du Christ : « Heureux les débonnaires, car ils posséderont la terre ! »

Strasbourg, en février 1924.

Albert Schweitzer sur l'escalier du débarcadère
de l'hôpital de Lambaréné en 1945.

TABLE DES MATIÈRES

ŒUVRES D'ALBERT SCHWEITZER

aux éditions Albin Michel

Histoire de mon Pélican. Photographies d'Anna Wildikann.
Souvenirs de mon enfance.
A *l'orée de la forêt vierge.* Récits et réflexions d'un médecin en Afrique Équatoriale Française.
Paix ou guerre atomique.
Ma vie et ma pensée.
Le secret historique de la vie de Jésus.
La mystique de l'apôtre Paul.
Vivre. Dix-huit sermons.

Ce livre a été imprimé en juillet 1984
sur les presses de Publiphotoffset à Paris
pour les Éditions Albin Michel

Numéro d'édition : 8507
Dépôt légal : septembre 1984